Rottluff · Selbständig lernen

Konzept und Beratung des Programms Beltz Weiterbildung:

Prof. Dr. Karlheinz A. Geißler, Schlechinger Weg 13, 8000 München 80.
Prof. Dr. Bernd Weidenmann, Weidmoosweg 5, 8155 Mitterdarching.

Joachim Rottluff

Selbständig lernen

Arbeiten mit Leittexten

Beltz Verlag · Weinheim und Basel

Über den Autor:

Joachim Rottluff, Jg. 1951, ist Diplom-Sozialwirt und arbeitet seit 1983 als selbständiger Unternehmensberater für Aus- und Weiterbildung; zudem seit 1988 Lehrbeauftragter an der Universität Hannover.

Die Deutsche Bibliothek – CIP-Einheitsaufnahme

Rottluff, Joachim: Selbständig lernen : Arbeiten mit Leittexten /
Joachim Rottluff. – Weinheim ; Basel : Beltz, 1992
   (Beltz Weiterbildung : Training)
   ISBN 3-407-36306-0

Lektorat: Ingeborg Strobel

© 1992 Beltz Verlag · Weinheim und Basel
Herstellung: Klaus Kaltenberg
Satz (DTP): csg GmbH, Weinheim
Druck: Druckhaus Beltz, Hemsbach
Umschlaggestaltung: Bernhard Zerwann, Bad Dürkheim
Printed in Germany

ISBN 3-407-36306-0

Danksagung

Die Ausarbeitung der »Leittexte-Methode« wurde von vielen unterstützt. Sie wäre undenkbar ohne die Ausbilder* und Auszubildenden, die die ersten Versuche mitgetragen und mit »durchlitten« haben. Bei ihnen allen bedanke ich mich für die Mitwirkung.

Darüber hinaus gilt mein Dank für allzeit konstruktive Kritik und umfassende Unterstützung insbesondere

Herrn Dr. Schubert, Arbeitsgruppe Information, Köln

Herrn Kröll, Ford-Werke AG, Köln

Herrn Koch, Friedrichsdorfer Büro, Salzgitter

Herrn Weissker, Bundesinstitut für Berufsbildung, Berlin

* Die weibliche Form ist jeweils hinzuzudenken.

Inhaltsverzeichnis

Kapitel 4
Leittexte erstellen, den Einsatz vorbereiten

Anhang

Einführung

Was sind Leittexte?

Wenn ein Ausbilder oder eine Ausbilderin vor der Aufgabe steht, einen größeren Ausbildungsabschnitt, einen Lehrgang o.ä. zu planen, muß er bzw. sie auf viele Fragen eine Antwort finden:
- Welche fachlichen Lernziele (Fertigkeiten, Kenntnisse) sind zu erreichen?
- Welche übergreifenden Qualifikationen sollen die Auszubildenden erwerben?
- Welcher Zeitraum steht mir zur Verfügung?
- Welche sachlichen und organisatorischen Rahmenbedingungen sind zu beachten?
- Welche praktischen Aufgabenstellungen sollen die Auszubildenden bewältigen?
- Wie sollen die Auszubildenden die Kenntnisse erwerben?
- Welche Medien sollen eingesetzt werden?
- Wie sollen die individuellen Leistungsunterschiede der Auszubildenden ausgeglichen werden?
- In welcher Form sollen die Auszubildenden zusammenarbeiten?
- Welche Aufgaben soll der Ausbilder im einzelnen wahrnehmen?
- ...

Diese Fragenliste kann man noch weiter verlängern. Jede Frage läßt sich außerdem in weitere Unterfragen zerlegen. Dabei ist es schwierig, den Überblick zu behalten. Noch schwerer ist es, Antworten und Lösungen zu finden, die so zusammenpassen, daß sich ein in sich geschlossenes Ausbildungskonzept ergibt.

Das Konzept des »Leittext-gestützten Lernens« auch verkürzt »Leittext-Methode« genannt, bietet für diese komplexe Aufgabe ein *Lösungsmuster.*

Bei der Konzipierung von Lerneinheiten sind viele Fragen zu beachten.

Auf diese Fragen gibt das Leittext-gestützte Lernen eine Antwort!

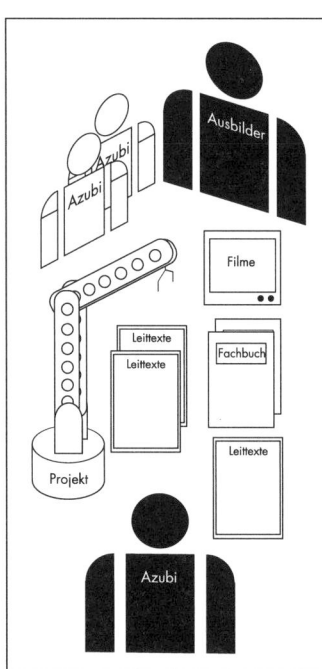

Die Elemente der Leittext-Methode.

Zunächst einige grundlegende Merkmale des Leittext-gestützten Lernens im Überblick:

– Die Auszubildenden bearbeiten in der Regel *komplexe Aufgabenstellungen,* häufig sind es Projekte.
– Die für die Ausführung der praktischen Arbeitsschritte erforderlichen *Kenntnisse* erarbeiten sich die Auszubildenden möglichst selbständig aus bereitstehenden *Medien,* angeleitet durch *Leitfragen.*
– Die Auszubildenden planen selbst – teilweise gestützt auf *Planungsraster* oder andere Hilfsmittel – die Durchführung der praktischen Arbeiten.
– Die Auszubildenden üben neue Fertigkeiten an sogenannten *Übungshilfen,* wobei sie weitgehend selbst über das Ausmaß der Übungen entscheiden.
– Wenn sie hinreichend sicher sind, führen die Auszubildenden die Fertigkeit an der eigentlichen Aufgabe bzw. am Projekt aus.
– Nach Abschluß angemessener Teilaufgaben werten die Auszubildenden den Verlauf und die Ergebnisse ihrer Arbeit zunächst selbst aus und besprechen ihre *Auswertung* schließlich mit dem Ausbilder.

Die *Auszubildenden* arbeiten möglichst selbständig. Das heißt allerdings nicht »alleine«. Wo immer es sinnvoll erscheint, sollen die Auszubildenden in kleinen *Teams* zusammenarbeiten.

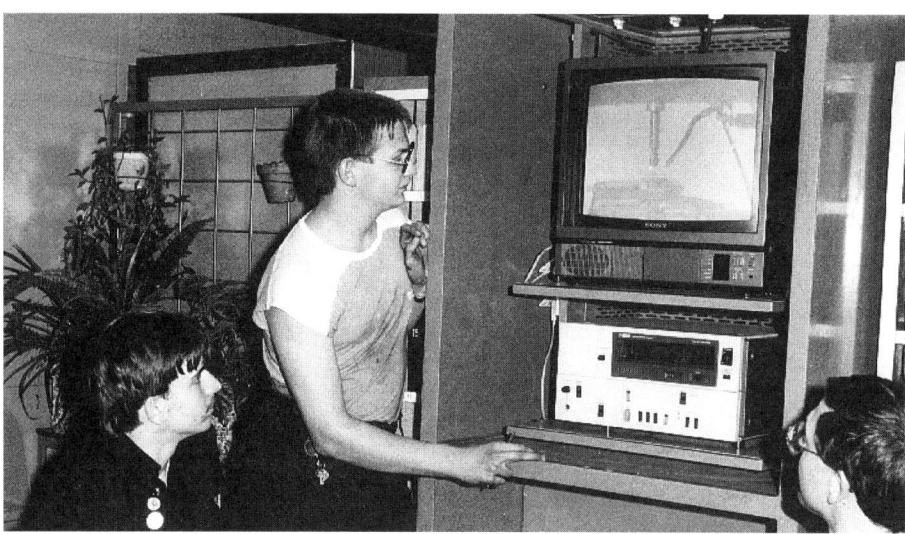

Die Auszubildenden lernen und arbeiten möglichst selbständig.

10

Der *Leittext* strukturiert diesen Lern- und Arbeitsprozeß vor. Er ist für die Auszubildenden der »Rote Faden«, das Geländer, an dem sie sich festhalten können. Er ist das Instrument, das ihnen hilft, den Überblick zu bewahren.

Im einzelnen übernimmt der Leittext folgende Funktionen:
– Er führt in den kommenden Ausbildungsabschnitt ein.
– Er erläutert die »Spielregeln« für den folgenden Lern- und Arbeitsprozeß.
– Er stellt die anstehende praktische Aufgabe vor.
– Er leitet mit Leitfragen und Impulsen den Kenntniserwerb und die Arbeitsplanung an.
– Er beinhaltet Hinweise, anhand welcher Medien die Kenntnisse erarbeitet werden können. Er stellt auch selbst Informationen bereit, wenn passende Medien fehlen.
– Er umfaßt schließlich noch Auswertungsbögen zur Selbst- und Fremdeinschätzung der geleisteten Arbeit.

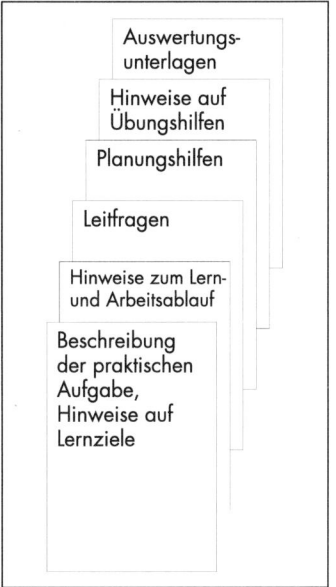

Der Leittext ist der »Rote Faden«.

Der *Ausbilder* hat die Aufgabe, die Auszubildenden an die Aufgabenstellung und die veränderte Form des Lernens und Arbeitens heranzuführen. Er soll sie in allen Phasen des Lern- und Arbeitsprozesses unterstützen, wenn sie selbst nicht mehr weiter kommen. Insbesondere muß er mit den Auszubildenden nach Abschluß des Kenntniserwerbs die erarbeiteten Antworten auf die Leitfragen sowie die erstellten Arbeitspläne durchsprechen. Gute Ergebnisse bedürfen jetzt der Anerkennung, Lücken sind zu schließen, Mißverständnisse auszuräumen.
Weiter muß der Ausbilder die Auszubildenden bei der praktischen Arbeit beobachten und immer dann eingreifen, wenn sie drauf und dran sind, grobe Fehler zu machen oder gar gegen Sicherheitsregeln zu verstoßen.
Schließlich muß er die geleistete Arbeit abschließend auswerten und beurteilen. Wenn immer noch Mängel oder Wissenslücken auftreten, muß er mit dem Auszubildenden Maßnahmen festlegen, die Abhilfe schaffen.

Der Leittext ist auch für den Ausbilder ein Instrument zur Strukturierung des Ausbildungsablaufes. Etwas bildhaft gesprochen: »Der Leittext ist die lange Leine, mit der der Ausbilder seine Gruppe anleitet und führt.«

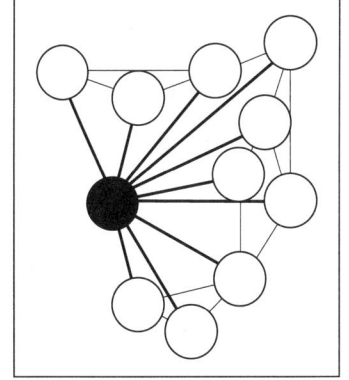

Der Ausbilder in der Gruppe.

Auf die eingangs gestellten Fragen ist das Leittext-gestützte Lernen insofern eine Antwort, als

- die Lernziele immer im Lichte der beruflichen Handlungskompetenz gesehen werden,
- übergreifende Qualifikationen, selbständige Informationsverarbeitung, Problemlösung und Planung sowie Kooperationsfähigkeit betont werden,
- es sich möglichst an angemessen komplexen Aufgaben orientiert,
- es den selbstregulierten Kenntniserwerb bevorzugt,
- es alle verfügbaren Medien einbezieht und nutzbar macht,
- es durch eine weitgehende Flexibilisierung des individuellen Lerntempos der Lernleistungsfähigkeit des einzelnen gerecht wird,
- es die Teamarbeit nutzt,
- es dem Ausbilder besonders die Rolle des Lernberaters und -moderators zuschreibt.

Wie sind die Leittexte in die Ausbildung eingebunden?

Erst das Zusammenwirken von komplexer Aufgabenstellung, Leittexten, Medien, Gruppenarbeit, Anleitung durch den Ausbilder sowie die Beachtung einer definierten Reihenfolge von Lern- und Arbeitsschritten ergibt ein methodisches Konzept.

Die einführende Beschreibung der »Leittext-Methode« offenbart bereits, daß der Leittext ein Instrument ist, das mehrere andere Elemente zusammenbindet. Insofern ist der Begriff »Leittext-Methode« zwar ein einprägsames Schlagwort, er trifft aber deshalb nicht richtig zu, weil der Leittext selbst noch keine Methode ist. Erst das Zusammenwirken von komplexer Aufgabenstellung, Leittexten, Medien, Gruppenarbeit, Anleitung durch den Ausbilder sowie die Beachtung einer definierten Reihenfolge von Lern- und Arbeitsschritten ergibt ein methodisches Konzept. Deshalb zieht der Autor den Begriff des »Leittext-gestützten Lernens« vor, gemeint ist jedoch das Gleiche.

Ferner gilt es zu beachten, daß die »Leittext-Methode« nicht neben anderen Methoden (Projekt-Methode, Vier-Stufen-Methode, Mediales Lernen, Teamlernen...) steht, sondern versucht, diese aufzugreifen und zu einem integrativen Konzept zu vereinigen. Insofern ist das Leittext-gestützte Lernen nicht etwas völlig Neues, sondern die Weiterentwicklung bereits bekannter methodischer Ansätze.

Das Leittext-gestützte Lernen integriert Elemente anderer bekannter Methoden.

Allerdings grenzt sich das Leittext-gestützte Lernen gegenüber herkömmlichen Unterrichts- und Unterweisungskonzepten dadurch ab, daß die Lernenden stärker in die Regulierung des Lern- und Arbeitsprozesses einbezogen werden und damit auch mehr Verantwortung für den Verlauf und das Ergebnis der Ausbildung übernehmen.

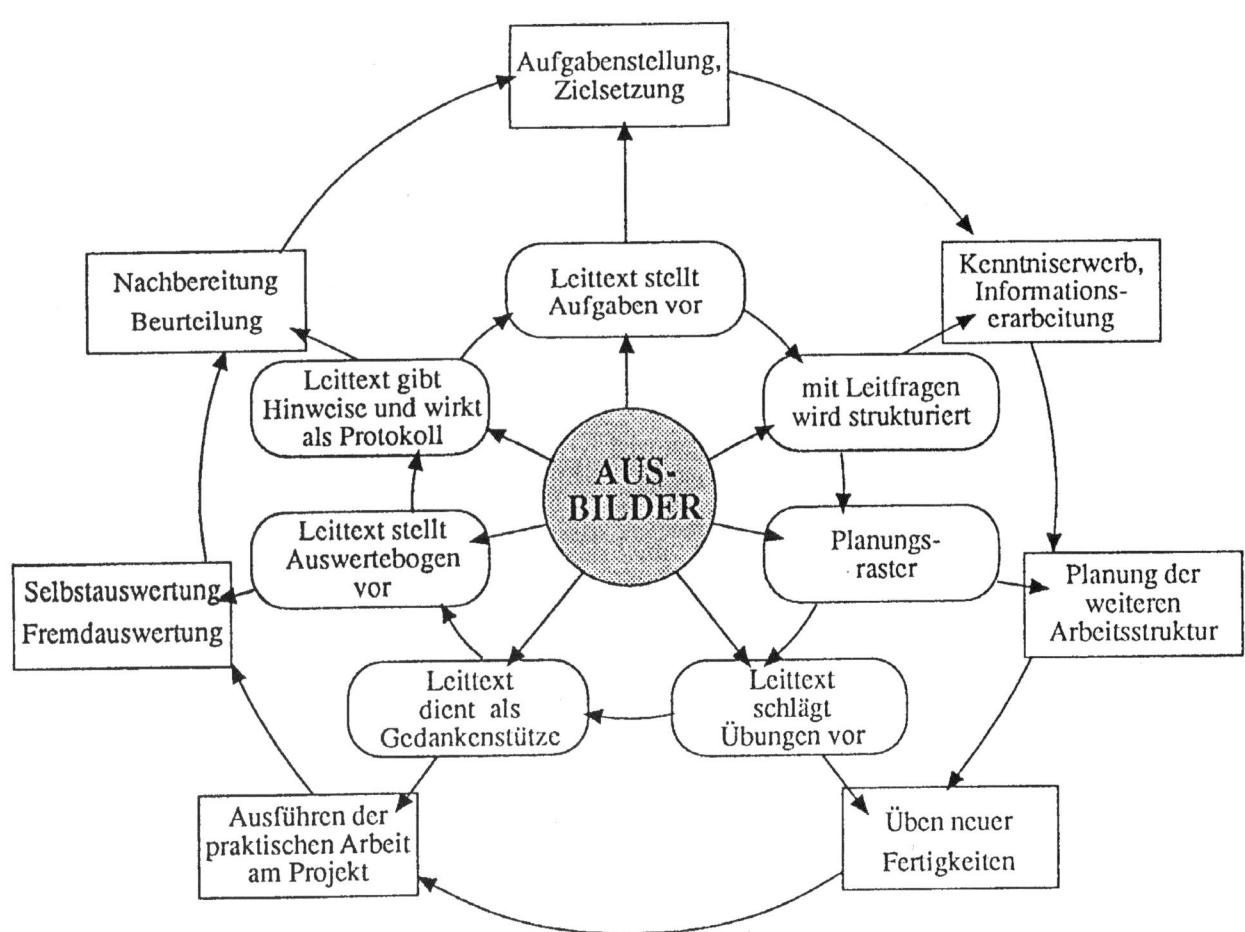

Der Leittext als Hilfsmittel des Ausbilders bei der Durchführung der Ausbildung.

Kapitel 1
Die Methode unter der Lupe

Dampfmaschinen
(Quelle: Daimler Benz AG)

Welche Überlegungen führten zur Entwicklung der sogenannten »Leittext-Methode«?

Das Konzept des Leittext-gestützten Lernens ist nicht in einem Akt erfunden worden, sondern ist das *Ergebnis eines längeren Entwicklungsprozesses*. Dieser wurde angestoßen durch Probleme der Praxis.

Erste Ansätze zur Entwicklung der »Leittext-Methode« finden sich – soweit dem Autor bekannt – in der Metallausbildung bei der Daimler-Benz AG, Werk Gaggenau. Mitte der siebziger Jahre wurde hier die *Projekt-Methode* für die Metallberufe weiter ausgebaut. Die Grundausbildung stützte sich auf die mittlerweile schon legendäre Dampfmaschine. Ziel dieses Vorgehens war es zum einem, mit einem ansprechenden Projekt die Auszubildenden zu motivieren. Gleichzeitig sollte durch die Integration verschiedener Planungsarbeiten die *Methodenkompetenz* systematisch entwickelt werden. Schließlich galt es durch verstärkte Zusammenarbeit der Auszubildenden untereinander die *Teamfähigkeit* zu fördern.

Die Leittext-Methode ist aus der Praxis hervorgegangen.

Auszüge aus einem Interview* mit Herrn Hans-Peter Fischer, Leiter des betrieblichen Bildungswesens, Daimler-Benz, Gaggenau

Welches waren die ausschlaggebenden Gründe, bei Ihnen in der Ausbildung Leittexte einzusetzen?
Herr Fischer: Durch die Leittextausbildung soll selbständiges Vorbereiten, Durchführen und Auswerten von Lern- und Arbeitsschritten gefördert – und damit Methodenkompetenz bewußt gemacht werden. Wenn der Auszubildende lernen kann, was er lernen will, dann wird er sich gut entwickeln. Die Intention, Auszubildenden mehr eigene Verantwortung für den Lernfortschritt zu geben, war deshalb der eine Grund. Der andere Grund: Unsere Ausbilder

*) Alle Interviews in diesem Buch wurden Ende 1991 bzw. Anfang 1992 durchgeführt.

---

sollten von der Vermittlung von jährlich sich wiederholenden, inhaltlich gleichbleibenden Unterweisungen entlastet werden. Der Ausbilder sollte mehr Zeit für situatives, spontanes Eingehen auf Ereignisse bei den Ausbildungsprojekten bekommen. Dabei ist noch zu erläutern, daß der Leittext in unserer Ausbildung nur ein Element in einem Dreiklang ist, der aus **Projekt – Leittext – Team** besteht. ... Es geht darum, die erlebte Fremdbestimmtheit des Lernens in der Schule zu ergänzen und irgendwann abzulösen durch ein steigendes Ausmaß an Selbstbestimmung des Lernweges.

Welches sind für Sie wichtige Ergebnisse bzw. Erfahrungen im Zusammenhang mit der Nutzung von Leittexten?
Herr Fischer: ... Für den *Auszubildenden* bedeutet es nach unseren Beobachtungen jeweils Unterschiedliches, wenn er im ersten oder zweiten oder dritten Jahr der Ausbildung mit Leittexten statt personaler Unterweisung konfrontiert wird. Wir erleben im ersten Jahr, daß die Andersartigkeit der Vermittlung von Inhalten stark im Vergleich mit den gewohnten und erlebten Formen des schulischen Lernens gesehen wird. Dabei wirkt der Kontrast anziehend ... Unsere Pionier-Leittexte zur Dampfmaschine aus den frühen 70er Jahren sehen völlig anders aus als Leitfäden der 80er Jahre. Auszubildende haben heute deutlich anspruchsvollere Erwartungen an Lesefreundlichkeit und Layout. Werden diese nicht erfüllt, wird die Rückkehr zur personalen Unterweisung nachdrücklich gefordert. Für die *Ausbilder* zeigt sich auch ein verändertes Bild. Fast zehn Jahre lang verfaßten unsere Ausbilder – meist in Überzeit – Leittexte selbst. ... Unsere Ausbilder haben sich in den 80er Jahren von der Einheitsform der »Dampfmaschinen-Leittexte« gelöst und projekt- sowie berufsspezifisch knapper gehaltene Leitfäden entwickelt. ...

Wo haben sich zwischen ursprünglicher und aktueller Konzeption Veränderungen ergeben?
Herr Fischer: Die mit der »Dampfmaschine« zu vermittelnden Grundfertigkeiten wurden auf 78 Bausteine aufgeteilt. Für jeden dieser Bausteine gab es einen Leittext sowie eine dazugehörende Diareihe mit gesprochenem Kommentar. Diese Leittexte wurden seither nicht verändert. ... Heute sind wir auf dem Weg, den »Leittext« durch ein PC-Programm zu ersetzen. ...

Hat sich der Aufwand gelohnt?
Herr Fischer: Ja, weil es ein Königsweg zur Entwicklung einer Konzept-Kompetenz für Ausbilder ist. Zentral ist dabei der Gedanke: »Ich als Ausbilder habe den Handlungsspielraum für den Einsatz von Leittexten (Medien) und da ich sie selbst verfasse, habe ich die Entscheidungsfreiheit über den Inhalt und seine Anordnung. ...«

Im Rahmen dieser Projekt-Ausbildung ergab sich das Problem, daß die Auszubildenden einer Gruppe zu einem bestimmten Zeitpunkt ganz unterschiedliche praktische Arbeiten ausführten. Einerseits, weil sie unterschiedlich schnell lernten und arbeiteten. Andererseits, weil die begrenzten Maschinenkapazitäten eine unterschiedliche Reihenfolge bei der Abwicklung der Arbeiten erforderte. Somit konnte der Ausbilder aber die theoretische Unterweisung nicht mehr für alle zum passenden Zeitpunkt durchführen. Entweder er unterwies die Teilgruppen einzeln, was ihn zeitlich überfordert hätte, oder er unterwies die Gesamtgruppe, womit die Unterweisung für einige zu spät und für andere zu früh gekommen wäre.

Die Projektmethode erzwingt die Individualisierung des Ausbildungsablaufs.

Die Lösung dieses Dilemmas lag darin, daß sich die einzelnen Teams zum passenden Zeitpunkt selbst unterwiesen. Zu diesem Zweck zeichneten die Ausbilder ihre bisherigen Unterweisungen als Tonbildschauen auf. Die Jugendlichen arbeiteten diese durch, wenn die anstehende praktische Arbeit die entsprechenden Kenntnisse erforderte.

Die Individualisierung erfordert die »Selbstunterweisung«.

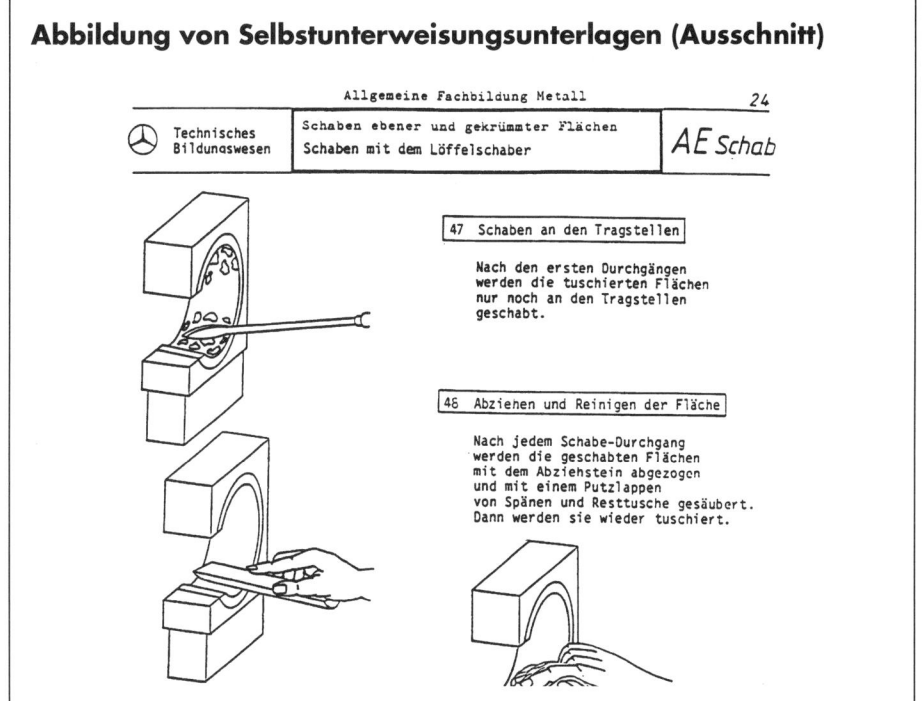

Abbildung von Selbstunterweisungsunterlagen (Ausschnitt)

Quelle: Daimler Benz AG

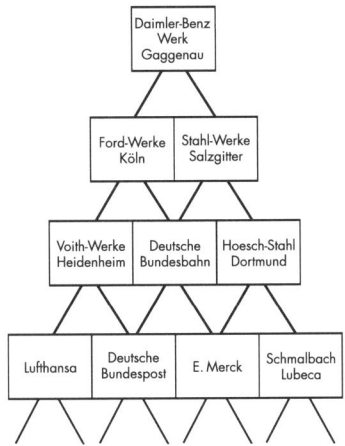

Die Verbreitung der »Leittext-Methode«

Aber konnten sich die Ausbilder darauf verlassen, daß die Auszubildenden den Stoff wirklichen verstanden und angemessen verarbeitet hatten? Um dies sicherzustellen, sollten die Auszubildenden zu den Tonbildschauen einige Kontrollfragen beantworten. Diese wurden vom Ausbilder durchgesehen, korrigiert und ergänzt, bevor die Auszubildenden an die zugehörige praktische Arbeit gingen. Wenn man so will, waren diese Kontrollfragen die Vorläufer der Leittexte. Diese konzeptionellen Ansätze wurden von vielen Betrieben aufgegriffen und den eigenen Anforderungen entsprechend weiterentwickelt.

Beispielsweise erkannten die Ford-Werke in den Gaggenauer Ansätzen zusätzlich zur Motivationsförderung und der Methodenkompetenz die Möglichkeit, den *individuellen Lernbedürfnissen und -fähigkeiten* besser gerecht zu werden, da die Auszubildenden das Lernen verstärkt selbst regulieren. Mit der intensiven Verknüpfung von Theorie und Praxis ließ sich auch das *Interesse am Kenntniserwerb* steigern. Durch mehr Selbstregulation hinsichtlich des Ablaufs wurde den Auszubildenden zudem mehr *Verantwortung* für die Ergebnisse der Ausbildung zurückzugeben.
Zu diesem Zweck mußte der Leittext aber als Strukturierungsinstrument weiter ausgestaltet werden.

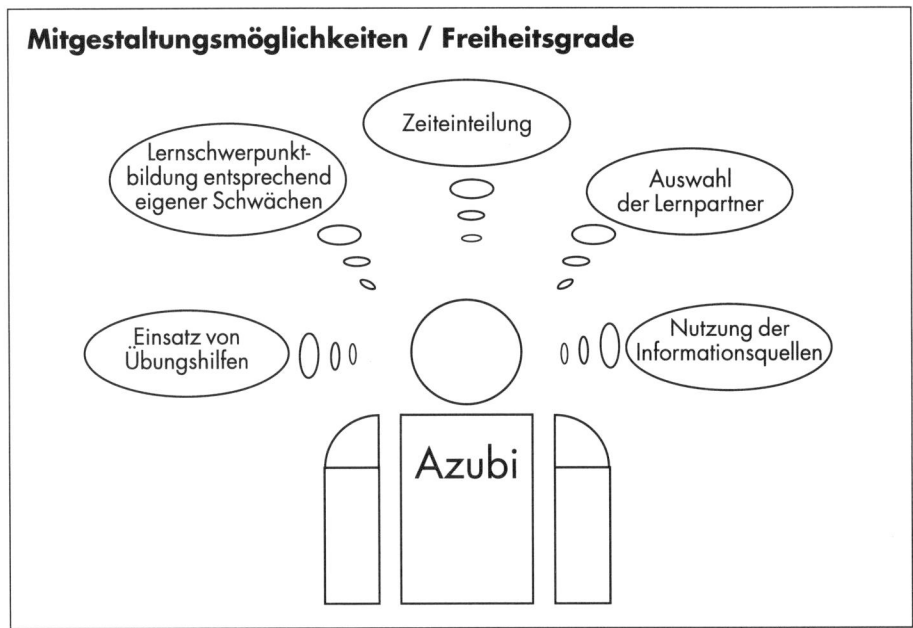

Das Bewältigen von individuellen Lernunterschieden stand zunächst auch bei den Stahlwerken Peine-Salzgitter (P&S – Preussag Stahl AG) im Mittelpunkt. Ende der 70er Jahre wurde in Salzgitter das schulische Berufsgrundbildungsjahr (BGJ) eingeführt. Dementsprechend kamen die Auszubildenden erst im zweiten Ausbildungsjahr in den Betrieb. Was die Auszubildenden nach einem Jahr BGJ mitbrachten, entsprach nicht ganz den Vorstellungen der Ausbilder und dem, was bis dahin im ersten Ausbildungsjahr im Betrieb vermittelt wurde.

Das Berufsgrundbildungsjahr erfordert das flexible Reagieren der Betriebe.

Auszug aus einem Interview mit Herrn Berndt Meyer, Leiter Elektroausbildung und Zentralaufgaben innerhalb der Beruflichen Bildung der Preussag Stahl AG

Wie hat sich das handlungsorientierte Lernen bei Ihnen bewährt?
Herr Meyer: Nachdem unser Modellversuch »Entwicklung und Erprobung eines lernzielorientierten Diagnose- und Stützsystems«, besser bekannt unter dem Titel »Das Lehr-/Lernsystem Hobbymaschine«, beendet war, begann für uns erst die Arbeit der Umsetzung dieses Systems in unseren beiden Bildungszentren und in den betrieblichen Ausbildungsabteilungen.
Wir legten fest, daß die gesamte Ausbildung nach dem entwickelten Lernsystem umgestellt werden soll. Diese Arbeit konnte mit viel Einsatz des Ausbildungspersonals unter Federführung von Bildungsreferenten mit Modellversuchserfahrung vorangetrieben werden. Die Lehrgangs- und Projektausbildung wurde aufrechterhalten.
Wir konnten insbesondere bei den sogenannten »schwachen Auszubildenden« größere Erfolge erzielen. Aber auch den Ausbildungsmeistern macht das »Ausbilden« wieder Spaß, weil sie bei dieser neuen Methode viel mehr gefordert werden. Wir haben diesen Schritt nicht bereut.

Wie haben Sie Ihre Ausbilder mit dem System zur Vermittlung von Handlungskompetenz vertraut gemacht?
Herr Meyer: Unsere Ausbildungsmeister zeigten sich zunächst eher skeptisch. Es war ja etwas Neues! Aber die Modellversuchsergebnisse und insbesondere die Vorgehensweise, wie wir sie mit der neuen Methode vertraut gemacht haben, hat schließlich alle überzeugt. Durch speziell entwickelte Seminare sind alle Ausbilder in das Leittextsystem eingeführt worden. Dabei stand der Aufbau von Basistexten, Leitfragen, Arbeitsplanung, Kontroll- und Beurteilungsbögen durch Selbsterstellung im Vordergrund. Das Erlernte konnten sie bei der Umsetzung direkt verwenden.

19

Wie war die Nachfrage des bei Ihnen entwickelten Lernsystems?
Herr Meyer: Nachdem wir vom Bundesinstitut für Berufsbildung einen Übertragungsversuch für zwei Jahre bewilligt bekamen, führten wir für interessierte Ausbildungsleiter, Ausbilder und Betriebsräte viele Seminare durch. Durch diese Informationen erreichten wir viele Betriebe und überbetriebliche Einrichtungen. Für die Lernsysteme »Hobbymaschine« und »Drehmaschine« sowie »umgestellte Lehrgänge« hatten wir über 1.300 Anfragen; fast das doppelte an Einzelunterlagen haben die Anfrager erhalten. Ich glaube, daß das bisher einmalig in der Bundesrepublik ist. Für unser Unternehmen war diese Entwicklung ein großer Erfolg.

Die Ausbilder standen damals vor einem großen Problem. Sie konnten nicht einfach das zweite Ausbildungsjahr wie bisher durchführen, dafür fehlten manche Grundlagen. Sie konnten aber auch nicht noch ein betriebliches erstes Ausbildungsjahr an das schulische anhängen. Dazu fehlte die Zeit. Dieses Problem wurde noch dadurch verschärft, daß gar nicht klar war, was die Auszubildenden eines Jahrgangs konnten und was ihnen fehlte. Versäumnisse der Schule mischten sich mit individuellen Defiziten.

Es mußte also ein Konzept gefunden werden, das es erlaubte, die jeweils vorhandenen Lücken zu schließen, ohne zuviel Zeit mit Wiederholungen zu verlieren. Auch hierfür bot und bietet der Leittext einen Lösungsansatz:

Der Leittext erleichtert als Diagnoseinstrument die gezielte Förderung des einzelnen Auszubildenden.

Der Leittext läßt sich als ein Diagnoseinstrument einsetzen. Vor jeder praktischen Teilarbeit müssen die Auszubildenden bei P&S auf praxisnahe Kenntnisse bezogene Leitfragen in kleinen Gruppen bearbeiten und einen Arbeitsplan erstellen. Antworten und Plan werden anschließend mit dem Ausbilder durchgesprochen.

Hobby-Maschine (Quelle: Stahlwerke Peine-Salzgitter)

Ausschnitt aus einem Leittext der Peine-Salzgitter AG

17. Warum müssen die Teile 3-6 im Paket gebohrt werden?

18. Die Skizze zeigt die Teile 3-6 für die Paketbohrung des Planschlittens. Kennzeichnen Sie die lagerichtige Reihenfolge nach den Teilnummern!

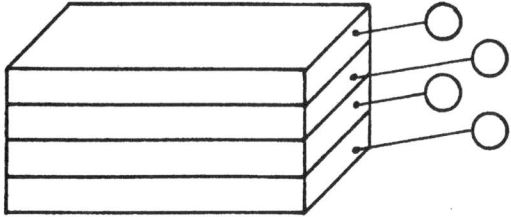

19. Warum müssen die Teile 3-6 lagerichtig vor dem Bohren gekennzeichnet werden?

20. Nennen Sie die Positionsnummern (Teile) der beweglichen Stege!

Quelle: Peine-Salzgitter AG

Sind die Auszubildenden fachlich fit, geht die gedankliche Vorbereitung der praktischen Arbeit sehr schnell. Fehlen entsprechende Kenntnisse, so müssen sich die Auszubildenden aus den bereitstehenden Medien informieren. Wenn Sie nicht mehr weiterkommen, hilft der Ausbilder. *Auszubildenden und Ausbilder ist es so möglich, sich ganz auf die jeweiligen Defizite zu konzentrieren und unnötige Wiederholungen zu vermeiden.*

Bezeichnenderweise hieß der Untertitel zum Modellversuch bei P&S – in dem dieses Ausbildungskonzept erprobt wurde – »Entwicklung eines Diagnose- und Stützsystems«. Zusammenfassend läßt sich sagen, daß folgende Impulse die Entwicklung der »Leittext-Methode« in Gang gebracht haben:

1. Zur Förderung der Motivation wurde von der »Edel-Schrott-Produktion« zur Projektmethode übergangen. Die Bearbeitung der Projekte führte zu variablen Abläufen in der Gruppe. Dies wiederum erforderte eine sehr flexible Handha-

Verstärkung der Motivation.

21

bung der Unterweisungen. Zur Entlastung der Ausbilder wurden Leitfragen und Medien eingesetzt. Es kam zu einer gewissen »Selbst-Unterweisung« der Auszubildenden.

Berücksichtigen individueller Lernvoraussetzungen und Lernverhaltensweisen.

2. Die Notwendigkeit, Auszubildenden mit unterschiedlichen Lernvoraussetzungen, Lerntypen und Lernfähigkeiten – was sich insbesondere in einem unterschiedlichen Lerntempo niederschlägt) – gerecht zu werden, führt zu einer weiteren Ausgestaltung der Leittexte.

Förderung der Methodenkompetenz.

3. Die Leittexte begünstigten die Entwicklung von Methodenkompetenz, weil die Auszubildenden selbständig Informationen er- und verarbeiten müssen. In der gleichen Richtung wirkt die Vorgabe, die jeweils anstehenden praktischen Arbeiten gründlich zu planen.

Selbstregulation.

4. Die in der Konzeption enthaltenen Entscheidungsfreiräume für die Auszubildenden geben mehr Verantwortung an die Lernenden zurück und verstärken sogleich das Gefühl, Erfolg und Mißerfolg des eigenen Handelns sich selbst stärker zurechnen zu müssen und zu können.

Theorie- und Praxis-Verzahnung.

5. Der ständige Wechsel zwischen Theorie und Praxis, die unmittelbare Anwendung der gerade erworbenen Kenntnisse an der praktischen Arbeit, realisiert eine enge Theorie-Praxis-Verzahnung und motiviert auch gerade eher schwächere Auszubildende, sich intensiv mit den erforderlichen Kenntnissen auseinanderzusetzen.

Fördern der Teamfähigkeit.

6. Die Ausarbeitung der Leittexte in Gruppen fördert außerdem die Teamfähigkeit, die Sozialkompetenz.

Entlastung des Ausbilders von Routinetätigkeiten.

7. Die Leittexte entlasten den Ausbilder von Routinetätigkeiten und ermöglichen ihm, sich auf die Aufgaben zu konzentrieren, bei denen er nicht durch andere Instrumente zu ersetzen ist: Auf die individuelle Betreuung der Auszubildenden in kleinen Gruppen oder einzeln.

Diese eher lerntheoretischen Erwägungen haben deshalb ein besonderes Gewicht erhalten, weil sich gleichzeitig die Vorstellungen vom Qualifikationsprofil des zukünftigen Facharbeiters verändert haben. Die Weiterentwicklung der Ausbildungskonzept machte die Erreichung der veränderten Kompetenzen wahrscheinlich.

Anmerkung:
Die Ausarbeitung der Leittext-Konzeption bei Ford und P&S erfolgte im Rahmen von Modellversuchen. Diese wurden vom Bundesinstitut für Berufsbildung (BIBB) betreut.

Dimensionen der Methode

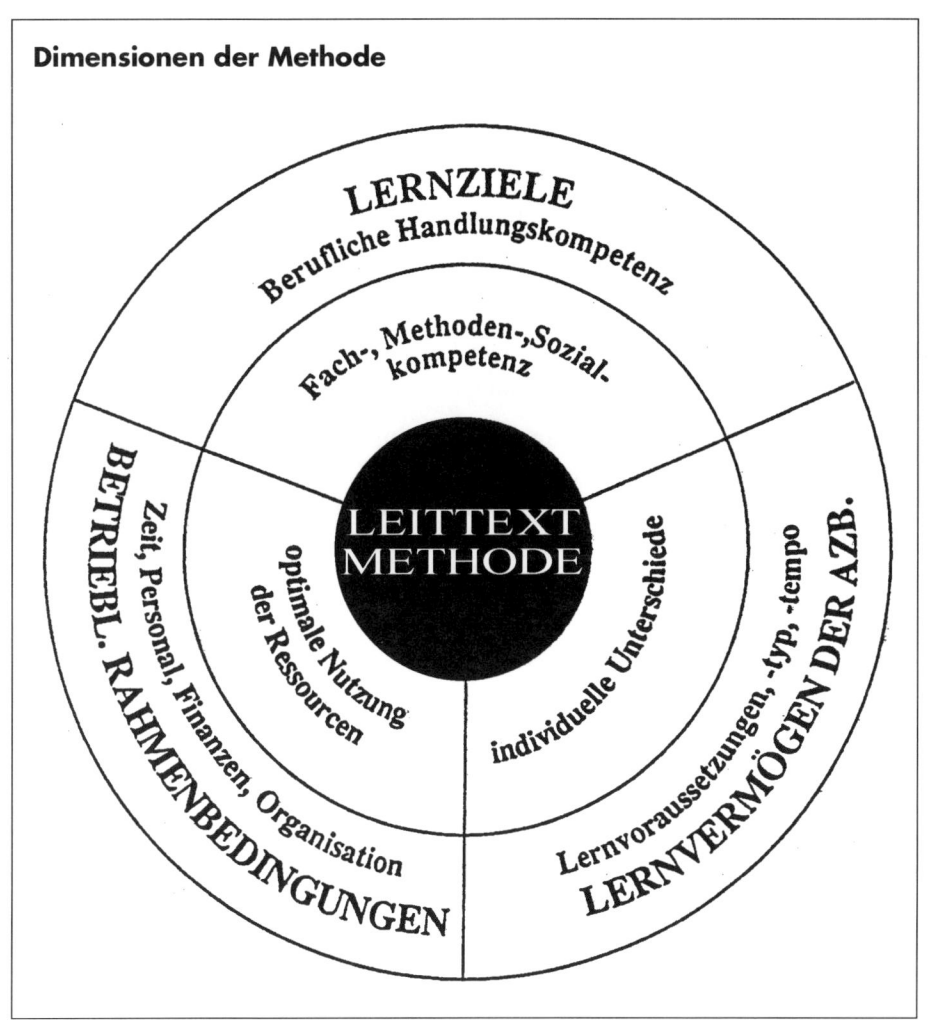

Aus dem weiteren Entwicklungsprozeß der Leittexte lassen sich verschiedene Überlegungsstränge herauskristallisieren. Diese werden im folgenden einzeln und auf das Wesentliche reduziert dargestellt. Darauf hingewiesen sei jedoch, daß die verschiedenen Argumente natürlich vielfältig miteinander verwoben sind und die Entwicklung keineswegs immer geradlinig und folgerichtig verlief.

Die »Leittext-Methode« entwickelt sich in verschiedene Richtungen weiter:
– Übertragung der Konzeption auf andere Berufe (insbesondere Elektroberufe und kaufmännische Berufe, später auch auf naturwissenschaftliche).
– Übertragung auf Ausbildungsabschnitte, in denen keine gegenständlichen Projekte hergestellt werden können.
– Übertragung auf Ausbildungssituationen, in denen betriebliche Aufträge zu erledigen sind.
– Übertragung auf kleinere Ausbildungseinheiten, wie sie z.B. im Handwerk üblich sind.
– Übertragung auf die überbetriebliche Ausbildung, die schulische Berufsgrundbildung, die Fort- und Weiterbildung.

Bei diesen Übertragungen stellten sich einerseits immer folgende Fragen: »Was ist eigentlich das Wesentliche an dieser Methode? Was soll man beibehalten, was kann man ohne Schaden abändern?« Andererseits bedeutet übertragen auch, etwas andere Ziele verfolgen. Daraus folgt natürlich der Versuch, die Konzeption entsprechend weiterzuentwickeln, zu optimieren.

Was mußte für die Weiterentwicklung der Konzeption geklärt werden?
– Wie kann berufliche Handlungskompetenz mit ihren Teilaspekten Fach-, Methoden- und Sozialkompetenz – häufig werden diese auch als Schlüsselqualifikationen bezeichnet – noch systematischer gefördert werden?
– Wie können die Leittexte so weiterentwickelt werden, daß sie die Ausbilder stärker entlasten (es hatte sich schon bald gezeigt, daß die »Leittext-Methode« die Ausbilder noch stärker forderte als die herkömmlichen Konzepte)?
– Wie können die Leittexte so ausgestaltet werden, daß sie den Auszubildenden noch mehr »Selbststeuerung / Selbstregulierung« erlauben und trotzdem ein zügiges und systematisches Vorgehen gewährleisten?
– Wie können die Leittexte so gestaltet werden, daß sie dem Lernverhalten und Lernmöglichkeiten der schwächeren Auszubildenden noch besser gerecht werden?

Um diese Fragen beantworten zu können, war es erforderlich, einerseits die Lernziele aus dem Bereich der Methoden- und Sozialkompetenz soweit zu präzisieren (zu operationalisieren), daß gezielte pädagogische Maßnahmen abgeleitet werden konnten und auch eine Lernerfolgskontrolle zumindest in Ansätzen möglich wurde. Andererseits war theoretisch zu klären, wie die verschieden Elemente und die besondere Form des Zusammenwirkens dieser Elemente zum Funktionieren dieser Konzeption beitragen.

Mitarbeiter der Siemens AG haben den Begriff der Schlüsselqualifikationen aus-
differenziert und aufgezeigt, welche Komponenten des Konzeptes mit welchen
Lernziel(-bereichen) korrespondieren.(Boretty, R. u.a. 1988)
Johannes Koch, Friedrichsdorfer Büro, hat die lern- und handlungstheoretischen
Hintergründe aufgezeigt. (Koch, J. u.a. 1983) (Auf diesen Grundlagen beruhen zu
einem großen Teil die folgenden Ausführungen.)

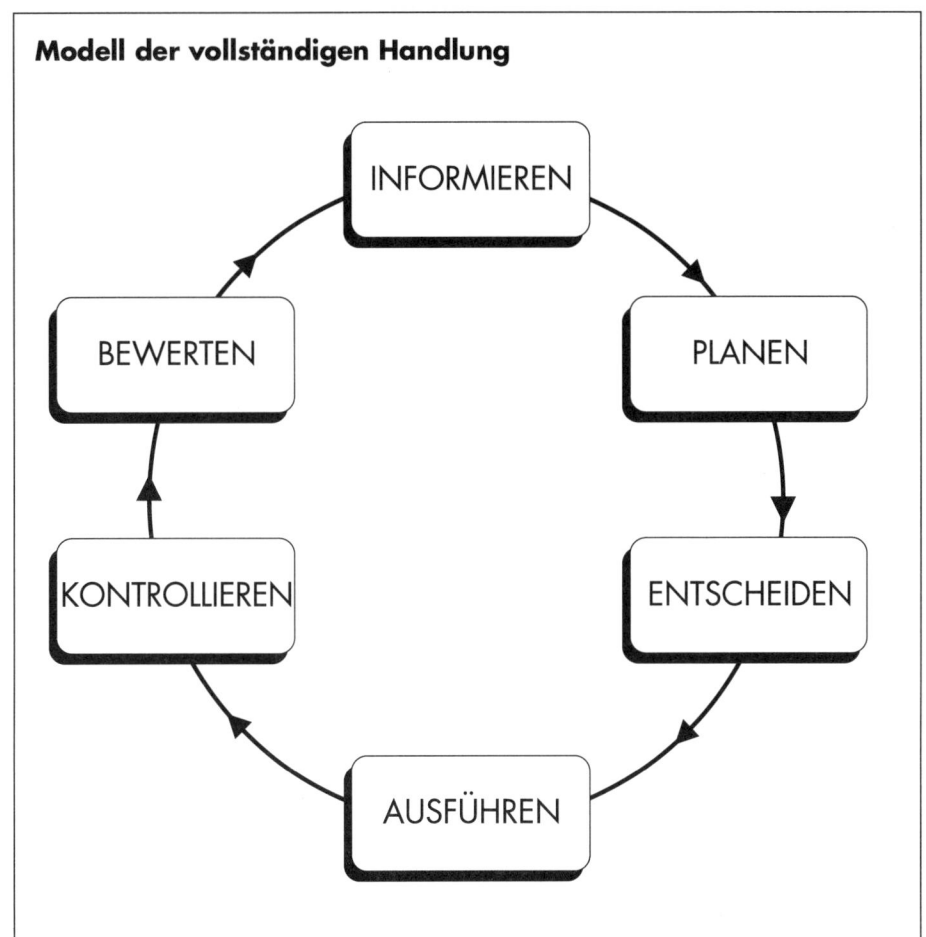

Modell der vollständigen Handlung

INFORMIEREN

PLANEN

ENTSCHEIDEN

AUSFÜHREN

KONTROLLIEREN

BEWERTEN

Quelle: Friedrichsdorfer Büro

Auszug aus einem Interview mit Herrn Johannes Koch, Friedrichsdorfer Büro für Bildungsplanung

Herr Koch, welche theoretischen Überlegungen haben die Entwicklung der Leittext-Methode maßgeblich beeinflußt?

Herr Koch: Zur Gestaltung von Lehrmethoden im engeren Sinne kommt es vor allem darauf an, eine Vorstellung davon zu haben, wie Menschen lernen.

Diese Vorstellung kann man entweder durch sorgfältige Beobachtungen gewinnen, wie es z.B. die Praktiker in Gaggenau getan haben, oder aus der Lerntheorie.

Da es in der berufllichen Bildung nicht um Kenntnisse allein, sondern vor allem um ihre Anwendung geht, wurde für die Entwicklung der Leittextmethode in erster Linie auf die kognitive Psychologie zurückgegriffen, weil diese davon ausgeht, daß bewußte Handlungen immer ein Bild der Handlung im Kopf voraussetzen. Handlungslernen wird von den kognitiven Lerntheorien als bewußte oder halbbewußte Kontrolle erklärt, ob durch die Umsetzung der vorgestellten Handlung in eine reale Handlung das ebenfalls vorgestellt Ziel in der Realität erreicht wird. Aufgrund der Kontrolle erfolgen Korrekturen sowohl an den Handlungsplänen als auch an den Zielbildern. Es wird dadurch gelernt, Handlungen immer besser und immer zielgerichteter auszuführen. In allgemeiner Form wird dieser Prozeß durch das sog. Modell der vollständigen Handlung beschrieben.

In der systematischen Entwicklung der Leittextmethode sind für die sechs Stufen des Modells der vollständigen Handlung jeweils didaktische Elemente entwickelt worden, mit denen sichergestellt werden kann, daß bei der Ausführung einer Arbeitsaufgabe von jedem Auszubildenden alle sechs Stufen auch bewußt abgearbeitet werden.

Auch wenn dies nicht für alle Formen der Leittext-Ausbildung gleichermaßen zutrifft, so ist doch das Modell der vollständigen Handlung als Kreislauf dargestellt, zum allgemeinen Kennzeichen der Leittextmethode geworden.

Wie wirken die Leittexte mit anderen Elementen der Konzeption zusammen und wie wird die Konzeption begründet?

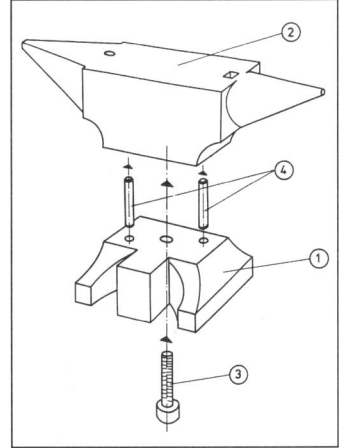

An der Ausgestaltung der Leittext-Methode haben viele renommierte Firmen mitgewirkt. Neben den bereits genannten sei an dieser Stelle noch auf die Deutsche Bundesbahn, die Deutsche Bundespost, Hoesch-Stahl AG, Veba Oel AG, Asea Brown Boveri AG, Drägerwerk AG, Wacker-Chemie hingewiesen. (Diese Liste erhebt keinen Anspruch auf Vollständigkeit.)

Jedes Unternehmen hat selbstverständlich der Anwendung der Leittexte seinen eigenen Stempel aufgeprägt. Das geht soweit, daß selbst der Begriff »Leittext« ganz unterschiedlich oder überhaupt nicht gebraucht wird.

Es ist insofern problematisch, von *der* »Leittext-Methode« zu sprechen. Wenn der Autor dies hier dennoch so handhabt, dann können sich die Aussagen nur auf gewisse gemeinsame Grundzüge beziehen. (Auf Besonderheiten der einzelnen Konzepte wird im Kapitel 3 eingegangen.)

Projekt AMBOSS
(Quelle: Ford-Werke AG, Köln)

Das Zusammenwirken von Leittext und Aufgabenstellung

Die Aufgabenstellung verkörpert für den Auszubildenden die Lernziele. Sie soll ein reduziertes Abbild typischer beruflicher Handlungssituationen sein. Das bedeutet zum einen, die Lernaufgabe soll späteren Arbeitsaufträgen entsprechen. Zum anderen muß diese Abbildung der späteren Arbeitssituation aber so reduziert sein, daß sie für den Lernenden, den Anfänger überschaubar ist. Es soll sich allerdings auch nicht nur um eine partielle Übung handeln, weil dann meist kein eigenständiges Planen und Kontrollieren mehr möglich bzw. sinnvoll ist.

Welche Aufgaben im einzelnen in Frage kommen, hängt von vielen Faktoren ab, u.a. vom Beruf, vom Ausbildungsjahr, von der Leistungsfähigkeit der Auszubildenden, vom Lernort (Ausbildungswerkstatt oder Betrieb), von den organisatorischen, materiellen und personellen Möglichkeiten des Ausbildenden.

Der Leittext kann (je nach Konzeption) diese Aufgabe vorstellen, die dabei zu erreichenden Lernziele und den Bezug zur späteren Ernstsituation verdeutlichen, zur Zerlegung der Gesamtaufgabe in Teilaufgaben anleiten, durch seine eigene Gliederung den weiteren Lern- und Arbeitsprozeß vorstrukturieren und zur Überschaubarkeit der Lerneinheit beitragen. Die Aufgabe wiederum sollte so motivierend sein, daß die Auszubildenden auch bereit sind, die Mühsal der eigenständigen Kenntniserarbeitung und Arbeitsplanung auf sich zu nehmen. Häufig haben Auszubildende nämlich keine Lust, in den Fachbüchern zu lesen und die Leitfra-

Leittexte leiten die Bewältigung der Aufgabenstellung an.

27

gen zu beantworten. Die Bereitschaft, es dennoch zu tun, wächst, wenn sie die Aufgabenstellung gerne bewältigen wollen und merken, daß sie besser und schneller ans Ziel kommen, wenn sie die praktische Arbeit – gestützt auf den Leittext – gedanklich gründlich vorbereiten.

Das Zusammenwirken von Leittexten und Medien

Leittexte zeigen die Fragen auf, Medien stellen die Information für die Beantwortung bereit.

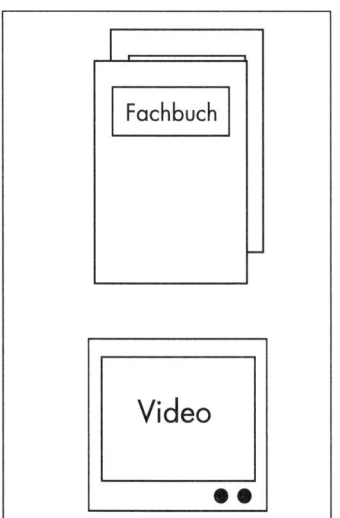

Die Tatsache, daß sich die Auszubildenden die erforderlichen Kenntnisse selbst erarbeiten, kann natürlich nicht bedeuten, daß sie sich alles selbst ausdenken. Es müssen Kenntnisquellen bereitstehen, in denen die Auszubildenden Antworten auf die Fragen im Leittext finden können. Als Kenntnisquellen kommen u.a. Fach- und Tabellenbücher, Filme und Diaserien in Frage. Auch Kataloge, innerbetriebliche Unterlagen, Schautafeln und Modelle können den Lernprozeß unterstützen. Nicht zu vergessen die vielen Unterlagen, die häufig in den Schubladen der Ausbilderschreibtische schlummern – Unterweisungsvorbereitungen, Folien, Merkblätter – können und sollen genutzt werden.

Es erscheint wichtig, daß die Auszubildenden diese Informationen nicht nur passiv aufnehmen, konsumieren. Die Fragen und die Notwendigkeit, eine passende Antwort zu suchen, mit Kollegen zu besprechen und zu formulieren, zwingen die Auszubildenden, die aufgenommene Information aktiv zu verarbeiten. Darin besteht der Unterschied zum Merkblatt oder schriftlichen Arbeitsanweisung, bei denen die richtige Lösung bereits vorgegeben ist.

Dieses Zusammenspiel von Leittexten und Medien läßt sich wie folgt begründen: Anhand der Fragen erkennt der Auszubildende seinen persönlichen Lernbedarf, das fördert die Lernmotivation.

Der Auszubildende kann in gewissen Grenzen die Medien wählen, die ihm persönlich am verständlichsten und hilfreichsten erscheinen. Das dient der Motivation und entspricht der Einsicht, daß Menschen unterschiedlich lernen und aus verschiedenen Quellen am meisten profitieren.

Der Auszubildende kann die Fragen, die er aus seinem Vorwissen heraus beantworten kann, schnell hinter sich lassen und sich auf die Themen konzentrieren, bei denen er noch Lücken hat. Dies wird der Tatsache gerecht, daß Auszubildende mit unterschiedlichen Vorkenntnissen in die Ausbildung kommen.

In gewissen Grenzen entscheidet der Auszubildende selbst, wie tief er in einen bestimmten Kenntnisbereich eindringen will. Das fordert und fördert sein Verantwortungsbewußtsein und das Gefühl der Selbstwirksamkeit und damit das Selbstbewußtsein.

Schließlich zwingt dieses Vorgehen die Auszubildenden, systematisch nach Informationen zu suchen sowie schriftliche und zeichnerische Unterlagen gezielt zu entschlüsseln. Dies ist ein zentrales Element der Methodenkompetenz.

Daher erscheint es wenig sinnvoll, in den Leittext zu viele fachliche Informationen zu integrieren. Der Leittext soll kein zusätzliches Fachbuch sein. Der Leittext soll vor allem strukturieren, Interesse wecken, die Aufmerksamkeit auf das Wesentliche richten, zur aktiven Denkarbeit anregen und anleiten. Fachliche Informationen soll der Leittext nur dann beinhalten, wenn andere Quellen nicht verfügbar oder zu unverständlich sind.

Das Zusammenwirken von Leittexten und Teamarbeit

Für manchen Ausbilder und Lehrer ist »Gruppenarbeit« schon zum Reizwort geworden. Wie häufig hat man es mit Gruppenarbeit schon versucht?! Wie oft ist nichts dabei herausgekommen?! Aber sprechen diese Erfahrung wirklich gegen die Nutzung von Gruppenarbeit oder sind sie lediglich ein Hinweis darauf, daß beim Einsatz dieses Mittels bestimmte Regeln unbedingt zu beachten sind.

Leittexte fordern und fördern die Teamarbeit.

Schlechte Erfahrungen lassen sich häufig auf folgende Ursachen zurückführen:
Der Auftrag ist zu allgemein, die Zielsetzung nicht hinreichend präzise. Klassische Beispiele: »Kümmern Sie sich 'mal um ...-Frage!« »Beschäftigen Sie sich einmal mit dem ...-Thema!« »Lesen Sie 'mal das ... Kapitel durch!« Diese Aufträge geben keine Orientierung, die Lernenden sehen nicht, worauf es ankommt, wann sie das gesteckte Ziel erreicht haben.
Die Motivation ist zu gering. Die Lernenden erkennen nicht, welchen Nutzen die Gruppenarbeit haben soll. Sie erleben sie nur als Lückenfüller – was sie manchmal auch leider nur ist.
Die Lernenden wissen nicht, wie sie in der Gruppe vorgehen sollen, *welche Regeln zu beachten sind, um effektiv zu sein*. In der Familie und in der Schule wird der Lern- und Arbeitsablauf meist durch eine übergeordnete Person festgelegt. Diese entscheidet im Zweifelsfall, wie zu verfahren ist. Fehlt diese Person, tritt eine gewisse Hilflosigkeit ein. Die Zusammenarbeit in Gruppen von Gleichgestellten muß erst gelernt werden. (Dies gilt übrigens – wenn man ehrlich ist – nicht nur für Jugendliche, sondern gleichermaßen für Erwachsene.)

Der Leittext kann helfen, die angesprochenen Probleme in den Griff zu bekommen. Er kann eine präzise Aufgabenstellung vorgeben und die Bewältigung derselben durch Impulse und Fragen vorstrukturieren und unterstützen. Das erleichtert die schrittweise Zielerreichung. Der Leittext kann und soll Hinweise beinhalten, welche Regeln bei der Arbeit im Team zu beachten sind, um die Kooperationsfähigkeit nach und nach aufzubauen.

Die Tatsache, daß Gruppenarbeiten häufig unbefriedigend verlaufen, spricht eigentlich für die Nutzung des methodischen Instrumentes »Leittext«. Es muß ein wichtiges Ziel der Ausbildung sein, die heranwachsenden Facharbeiter und Facharbeiterinnen zu befähigen, zweckmäßig zu kooperieren, Gruppenarbeiten zielgerichtet zu strukturieren und Gruppenprozesse unter Berücksichtigung der verschiedenen Interessen zu bewältigen. Dazu gehört vor allem auch das offene und faire Austragen von sachlichen Widersprüchen und persönlichen Konflikten.

Der Leittext kann – wie gesagt – helfen, diese Aufgabe zu bewältigen. Er kann es aber selbstverständlich nicht allein. Ohne den Ausbilder geht es nicht.

Das Zusammenwirken von Leittext und Ausbilder

Ohne den Ausbilder funktioniert die Leittext-Methode nicht!

Nach wie vor ist es der Ausbilder, der die Lernsituation gestaltet und die Lern- und Arbeitsprozesse initiiert, anleitet und bei Problemen regulierend eingreift. Der Leittext kann den Ausbilder nicht ersetzen – wie von einigen Ausbildern zunächst befürchtet – aber er kann den Ausbilder unterstützen. Der Leittext ist ein Instrument – neben anderen – das der Ausbilder zur Bewältigung seiner Aufgaben einsetzt.

Im folgenden sollen einigen Aufgaben des Ausbilders die jeweiligen Unterstützungsfunktionen des Leittextes zugeordnet werden:

Einführung in den Ausbildungsabschnitt.

Der Ausbilder führt die Auszubildenden in die nächste Ausbildungsphase (z.B. einen Lehrgang) ein. Er informiert über Aufgaben und Lernziele, er gibt einen Überblick über den Ablauf. Er versucht das Interesse der Auszubildenden für die kommenden Arbeiten zu gewinnen.
Der Leittext beinhaltet eine Darstellung der Aufgabe und eine Auflistung der Lernziele. Mit seiner Gliederung und gegebenenfalls zusätzlichen Erläuterungen hilft er zusätzlich, einen Überblick zu schaffen. Auf den Leittext können die Aus-

zubildenden stets zurückgreifen, auch nachdem der Ausbilder die Einführung beendet hat. Und der Ausbilder kann sich während seiner Einführung auf den Leittext stützen und auf diesen verweisen, wenn er sich selbst kurz fassen will.

Der Ausbilder gibt Informationen zur Aufgabenerledigung, vermittelt die erforderlichen Fachkenntnisse und demonstriert die Ausführung unbekannter Fertigkeiten. Bei wenigen Auszubildenden orientierte sich der Ausbilder bisher häufig an der 4-Stufen-Methode, insbesondere wenn es um Fertigkeiten ging. Bei mehreren Auszubildenden geschah dies in der Regel als Gruppenunterweisung oder als Unterricht. Je größer die Gruppe ist, desto wahrscheinlicher war der Frontalunterricht.

Der Leittext ermöglicht es, daß die Auszubildenden zunächst selbst versuchen, die erforderlichen Informationen und Fachkenntnisse zusammenzutragen, die für die anstehende praktische Arbeit benötigt werden. Die Leitfragen stellen die Vollständigkeit der Kenntnisvermittlung sicher.

Wenn der Ausbilder mit den Auszubildenden deren Antworten und Lösungen durchspricht, erkennt er an den Fehlern und Lücken, wo er ganz gezielt eingreifen muß. Er sitzt dabei meist nur mit einem Teil der Gruppe zusammen und kann deshalb auf die individuellen Lernbedürfnisse eingehen. Die anderen Auszubildenden können – dank des Leittextes – schon weiterarbeiten, während der Ausbilder mit einer Teilgruppe die Antworten bespricht.

Im Leittext werden die Ergebnisse der Besprechung festgehalten und stehen damit als Gedächtnisstütze und für Wiederholungen jederzeit zur Verfügung.

Der Ausbilder betreut die Auszubildenden bei der praktischen Arbeit. Er unterstützt die Auszubildenden, wenn diese neue Fertigkeiten erproben und üben. Er macht auf Fehler aufmerksam und korrigiert. Er greift ein, wenn die Auszubildenden gegen Sicherheitsregeln zu verstoßen drohen. Er ermutigt, wenn die Auszubildenden bei Schwierigkeiten den Kopf hängen lassen.

Der Leittext kann den Ausbilder in dieser Phase nicht direkt unterstützen. Jedoch hat der Leittext hier insofern einen positiven Effekt, als die darin aufgestellten Arbeitspläne den Auszubildenden ständig vor Augen liegen (können). Dies wirkt dem Vergessen entgegen. Indirekt kann der Leittext dem Ausbilder in dieser Phase insofern helfen, als der Leittext den Ausbilder von anderen Aufgaben (Kenntnisvermittlung) entlastet. Der Ausbilder hat dadurch mehr Zeit für die individuelle Betreuung der Auszubildenden bei der praktischen Arbeit.

Vermittlung von Kenntnissen und Fertigkeiten.

Unterstützung bei der praktischen Arbeit.

Anleitung zur Auswertung des Arbeitsverlaufes und -ergebnisses.

Der Ausbilder wertet die praktische Arbeit aus und beurteilt die Leistung des Auszubildenden. Der Ausbilder bespricht mit dem Auszubildenden Möglichkeiten, verbliebene Schwächen auszugleichen.

Der Leittext beinhaltet Auswertungsunterlagen. Diese werden in der Regel zunächst vom Auszubildenden zu einer Eigenauswertung genutzt. Dieser wird anschließend die Auswertung des Ausbilders gegenübergestellt. So ergibt sich nicht nur eine Aussage über die Qualität des Produktes, sondern auch über die Fähigkeit des Auszubildenden, seine eigenen Leistungen angemessen einzuschätzen. Der Leittext leitet den Auszubildenden zum systematischen Vorgehen bei der Auswertung an. Durch die ständige Wiederholung hilft er dem Auszubildenden, Schritt für Schritt angemessene Gütemaßstäbe zu entwickeln.

Zusammenfassung.

Der Leittext beinhaltet alle die Komponenten, die sich *vor Beginn* des jeweiligen Ausbildungsabschnittes planen lassen und die ansatzweise von den Auszubildenden selbständig und eigenverantwortlich gehandhabt werden können.

Die Aufgabe des Ausbilders bleibt es, Unvorhergesehens zu bewältigen. Der Leittext entlastet den Ausbilder in einigen, ständig wiederkehrenden Aufgaben, also dort, wo er durch andere Instrumente teilweise zu ersetzen ist. Die Ausbildungskonzeption gibt dem Ausbilder damit mehr Freiraum für die individuelle Betreuung und gezielte Unterstützung der Auszubildenden.

Wie unterscheidet sich Leittext-gestütztes Lernen von herkömmlichen Ausbildungskonzepten?

Genauso schwierig, wie es ist, von *der* »Leittext-Methode« zu sprechen, gibt es Probleme, die herkömmlichen Ausbildungskonzepte zu benennen. Trotz dieses Vorbehaltes wird versucht, gewisse Unterschiede zur bisherigen Ausbildungspraxis herauszuarbeiten.

Zunächst sind zwei Situationen zu unterscheiden. Einerseits kann eine Ausbildung eher in Form der Beistellehre (ein oder zwei Auszubildende begleiten und unterstützen einen Facharbeiter / Gesellen bei dessen üblicher Arbeit) durchgeführt werden. Andererseits kann die Ausbildung in einer Ausbildungswerkstatt stattfinden. In letzterem Fall dürfte die Betreuung einer mehr oder weniger großen Auszubildendengruppe durch einen (hauptamtlichen) Ausbilder die Regel sein.

Auszüge aus Leittexten

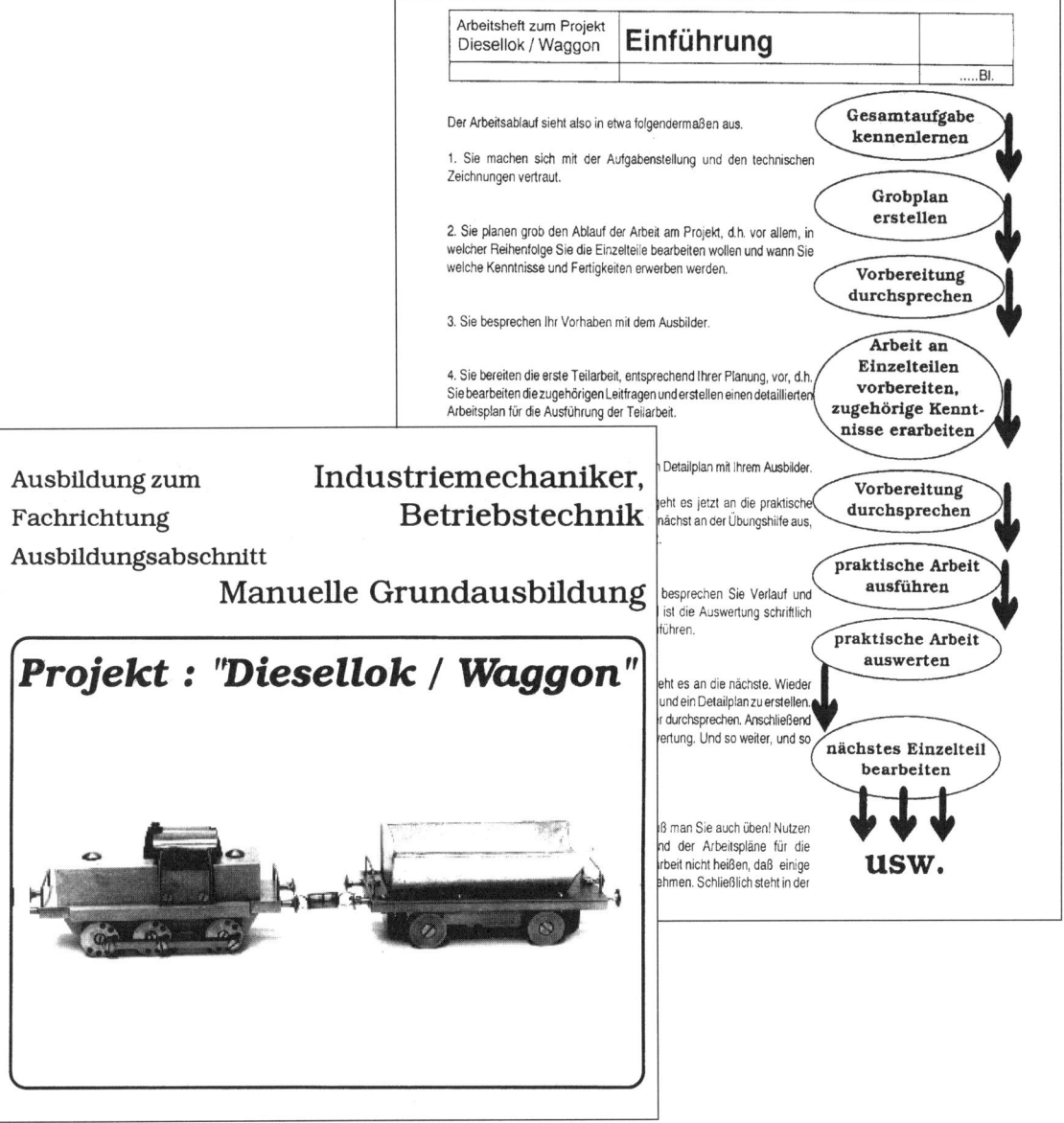

Arbeitsheft zum Projekt Diesellok / Waggon	**Einführung**	
		.....Bl.

Der Arbeitsablauf sieht also in etwa folgendermaßen aus.

1. Sie machen sich mit der Aufgabenstellung und den technischen Zeichnungen vertraut.

2. Sie planen grob den Ablauf der Arbeit am Projekt, d.h. vor allem, in welcher Reihenfolge Sie die Einzelteile bearbeiten wollen und wann Sie welche Kenntnisse und Fertigkeiten erwerben werden.

3. Sie besprechen Ihr Vorhaben mit dem Ausbilder.

4. Sie bereiten die erste Teilarbeit, entsprechend Ihrer Planung, vor, d.h. Sie bearbeiten die zugehörigen Leitfragen und erstellen einen detaillierten Arbeitsplan für die Ausführung der Teilarbeit.

Gesamtaufgabe kennenlernen

Grobplan erstellen

Vorbereitung durchsprechen

Arbeit an Einzelteilen vorbereiten, zugehörige Kenntnisse erarbeiten

Vorbereitung durchsprechen

praktische Arbeit ausführen

praktische Arbeit auswerten

nächstes Einzelteil bearbeiten

usw.

Ausbildung zum **Industriemechaniker,**
Fachrichtung **Betriebstechnik**
Ausbildungsabschnitt
Manuelle Grundausbildung

Projekt : "Diesellok / Waggon"

Quelle: Deutsche Bundesbahn

Da die »Leittext-Methode« zunächst in und für die Ausbildung in größeren industriellen Ausbildungswerkstätten entwickelt wurde, wird sich der Vergleich vorrangig darauf beziehen.

In den gewerblichen Berufen kann man die konventionelle Ausbildung durch folgende Merkmale charakterisieren:

Der Ausbilder betreut eine mehr oder weniger große Gruppe von Auszubildenden. An eine neue Aufgabe führt der Ausbilder durch eine Gruppenunterweisung heran, neue Kenntnisse vermittelt er durch unterrichtsähnliche Erläuterungen, neue Fertigkeiten demonstriert er durch Vormachen. Alle Auszubildenden erhalten die gleichen Informationen. Die Auszubildendengruppe muß vom Ausbilder hinsichtlich des Lern- und Arbeitsfortschrittes eng zusammengehalten werden, weil andernfalls die Unterweisung nicht für alle Auszubildenden zum passenden Zeitpunkt erfolgt.

Die Auszubildenden führen die praktischen Arbeiten aus. Der Ausbilder greift ein, sofern ihm dies erforderlich erscheint. Wenn die Auszubildenden Schwierigkeiten haben, wenden sie sich an den Ausbilder.

Der Ausbilder führt die Auswertung und Beurteilung der geleisteten Arbeit durch. Der Ausbilder reguliert den gesamten Lern- und Arbeitsprozeß. Er ist meist die einzige verfügbare Informationsquelle. Ohne den Ausbilder können die Auszubildenden nur in begrenztem Maße Schwierigkeiten und Störungen selbst bewältigen. Zum einen, weil die äußeren Voraussetzungen fehlen, zum anderen, weil die Auszubildenden nicht darauf vorbereitet werden.

Insgesamt können die Auszubildenden wenig auf den Gang der Ausbildung Einfluß nehmen, sie sind eher in einer passiven, konsumierenden Rolle. Entscheidung und Verantwortung liegt fast ausschließlich beim Ausbilder.

Demgegenüber versucht die Leittext-Methode stärker gewisse Entscheidungsspielräume dem Auszubildenden zuzuordnen, ihn in die Verantwortung zu ziehen, ihm aber auch die erforderlichen Kompetenzen zu vermitteln.

Die Entscheidungsspielräume beziehen sich auf
- die Akzentsetzung beim Kenntnis- und Fertigkeitserwerb entsprechend den eigenen Lernbedürfnissen und Lernvoraussetzungen;
- die Auswahl der Medien;
- die Auswahl der Lernpartner;
- die Einteilung der Arbeitszeit.

Selbstverständlich finden diese Entscheidungsspielräume dort ihre Grenze, wo sie nicht mehr zur optimalen Erreichung des Ausbildungszieles genutzt werden.

Merkmale konventioneller Ausbildung:
- *Gruppenunterweisung,*
- *Vormachen,*
- *Lernen im »Gleichschritt«,*
- *der Ausbilder als fast ausschließlicher Partner,*
- *der Ausbilder als oberster Richter,*
- *der Ausbilder als zentrale Steuerungsinstanz.*

Merkmale der Leittext-Methode:
- *Entscheidung und Verantwortung stärker als bisher beim Auszubildenden,*
- *Leittext-gestütztes Lernen integriert die Gruppenarbeit.*

Diese Spielräume haben folgende Bedeutung:
- Der konkrete Ausbildungsablauf läßt sich leichter an die individuellen Lernbedürfnisse und Lernmöglichkeiten des Einzelnen anpassen.
- Der Auszubildende kann Mitverantwortung übernehmen.
- Der Auszubildende lernt, sein eigenes Handeln entsprechend den jeweils gesteckten Zielen auszurichten und zu regulieren (Methodenkompetenz).

Ein weiteres Merkmal der konventionellen Unterweisung besteht darin, daß die Gruppenstruktur eher ausbilderzentriert ist. Die Zusammenarbeit der Auszubildenden wird nur ausnahmsweise angestrebt.
Bei der Leittext-Methode wird die Zusammenarbeit einbezogen. Einerseits soll dadurch das kooperative Verhalten gefördert, andererseits das Bedürfnis nach sozialen Kontakten befriedigt und für die Ausbildung nutzbar gemacht werden.
In etwas plakativer Form stellt die folgende Tabelle die »Leittext-Methode« und die konventionelle Unterweisung gegenüber. Bei allen Unterschieden darf man die Gemeinsamkeiten nicht übersehen.

Gegenüberstellung von konventioneller Unterweisung und Leittext-gestütztem Lernen			
Vier-Stufen-Methode	Lernprozeß allgemein	Leittext-Methode	Sinn dieser Phasen in der Leittext-Methode
Vorbereiten	Motivation	Einführung	Komplexe Aufgaben haben hohen Anreizwert und geben Orientierung
Vormachen	Information	Leitfragen, Kenntniserwerb aus Medien, in Gruppen, Ausbildergespräch	Selbständiges Durchdenken der Aufgabe, individuelles Tempo, Vorkenntnisse einbeziehen, gezieltes Schließen der Lücken, Umgang mit Medien, Lernen und Arbeiten in Gruppen, individuelles Eingreifen des Ausbilders
Nachmachen	Aktion	Probieren und Üben	Tempo und Umfang entsprechend Lernbedarf, Verantwortung beim Auszubildenden
Üben (Vertiefen)	Aktion	Arbeiten am Projekt	Praxis verdeutlicht Notwendigkeit und Angemessenheit des Kenntniserwerbs, enge Theorie-Praxis-Verknüpfung
Kontrolle	Reaktion	Selbst- und Fremdkontrolle	Gezielte Entwicklung der Gütemaßstäbe, individuelles Eingreifen

Inwieweit kann der Leittext das Vormachen ersetzen?

Ein häufig wiederkehrendes Argument gegen die Nutzung der »Leittext-Methode« lautet: »Durch das Lesen in Büchern erwirbt man keine (Hand-)Fertigkeiten.« Dieses Argument ist einerseits richtig, andererseits trifft es die Problematik nicht. Sicherlich stimmt es, daß man das Feilen nicht beherrschen wird, wenn man lediglich den entsprechenden Abschnitt aus dem Leittext bearbeitet. Aber genauso wird man diese Fertigkeit nicht erwerben, wenn man lediglich dem Ausbilder beim Feilen zuschaut. In der klassischen Unterweisung folgt das Nachmachen auf das Vormachen. Für die »Leittext-Methode« gilt, daß auf die gedankliche Vorbereitung mit Leittext und Ausbildergespräch die praktische Anwendung des Gelernten erfolgt. Das Entwickeln der Handfertigkeit im engeren Sinne geschieht also in beiden Fällen erst durch praktisches Tun. Wichtig bei dieser Diskussion ist, daß man das Leittext-gestützte Lernen nicht auf die Beantwortung von Leitfragen aus Fachbüchern reduziert, sondern alle Lern- und Arbeitsschritte betrachtet.

Sind die vorhandenen Medien hinreichend für das Leittext-gestützte Lernen geeignet?

Dennoch verbleibt in diesem Zusammenhang ein reales Problem: Stellen die vorhandenen Medien die Bewegungsabläufe bei der Ausführung von Fertigkeiten hinreichend anschaulich und verständlich dar? Sicherlich gilt hier der viel zitierte Satz: »Ein Bild sagt mehr als tausend Worte«. Und hinsichtlich des angeschnittenen Problems würde dies noch mehr für viele laufende Bilder, sprich für Filme gelten. Solche Filme stehen aber entweder gar nicht zur Verfügung oder sind unerschwinglich teuer. Und die vorhandenen Bücher lassen dann doch die erforderliche Anschaulichkeit vermissen. In solchen Fällen erscheint es durchaus angemessen, wenn Ausbilder bestimmte Fertigkeiten vormachen und diese Demonstration in das Leittext-gestützte Lernen einbinden. Dabei muß aber darauf geachtet werden, daß die Unterweisung nicht zu ausführlich gerät, da sonst bei den Auszubildenden schnell der Gedanke aufkommt: »Was soll ich mich mit den Medien herumschlagen, wenn der Ausbilder uns das nachher noch alles zeigt, ist es doch viel bequemer.«
Gibt der Ausbilder dieser Einstellung der Auszubildenden zu leicht nach, wird er zwar möglicherweise Sympathien erwerben und manche Grundfertigkeit – als einzelne betrachtet – schneller vermitteln. Dieser Vorteil geht aber zu Lasten der Entwicklung der Methodenkompetenz, daß heißt der Fähigkeit, gezielt Kenntnislücken zu schließen und Informationsangebote aktiv zu verarbeiten.

Unterschiede zwischen Unterricht und Leittext-gestütztem Lernen.

Die Unterschiede, die oben zur konventionellen Unterweisung aufgezeigt wurden, gelten prinzipiell auch für den Unterricht.
Meint man mit Unterricht den klassischen Frontalunterricht, so gelten die Aussa-

gen bezüglich der Selbstregulationsmöglichkeiten, Eigenverantwortlichkeit und Individualisierung in besonders krasser Form. In dem Maße, wie in den Unterricht Formen der Gruppenarbeit, selbständiger Themenbearbeitung oder andere Maßnahmen zur Aktivierung der Schüler einfließen, verschwimmen die Unterschiede etwas.

Unterricht wird häufig in engem zeitlichen Rahmen (Stunden) erteilt. Leittext-gestütztes Lernen ist vorrangig auf längere Lerneinheiten (Tage oder Wochen) ausgelegt.

Bliebe noch die Tatsache, daß Unterricht vorrangig auf Wissenserwerb zielt, während die Leittext-Methode die Förderung einer umfassenden Handlungskompetenz anstrebt und deshalb die Integration von Kenntnissen und Fertigkeiten in einen methodisch und sozial kompetenten Handlungsvollzug betont.

Vergleicht man einen systematisch gegliederten Unterricht mit einer Leittext-gestützten Lerneinheit, so zeigt sich das Problem, daß bei der auf die jeweils anstehende praktische Arbeit bezogen Kenntnisvermittlung mit Leittexten die Systematik der Fachkenntnisse und damit das Verständnis für größere Zusammenhänge verlorengehen kann.

Dieses Problem muß man sowohl bei der Gliederung des Leittextes als ganzem als auch bei der Formulierung der Fragen im Auge behalten. Ein guter Leittext zeichnet sich u.a. dadurch aus, daß es ihm gelingt, eine enge Theorie-Praxis-Verzahnung zu realisieren und trotzdem die größeren Zusammenhänge zu verdeutlichen. (Nicht immer ist dies bisher in erstrebenswertem Maße gelungen.)

In welcher Beziehung steht die »Leittext-Methode« zu anderen neueren Ausbildungskonzepten?

Das intensive Arbeiten mit Texten und die besondere Bedeutung der Fragen in den Leittexten läßt möglicherweise eine gewisse Verwandtschaft zum »Programmierten Lernen« vermuten. Richtig ist, daß sowohl die »Leittext-Methode« als auch das »Programmierte Lernen« mit den vielen Fragen die Lernenden zu einer intensiven gedanklichen Verarbeitung der angebotenen Informationen anregen wollen. Beide Konzepte zielen auf eine gewisse Selbstregulierung des Lernprozesses durch den Lernenden. Dennoch darf man folgende Unterschiede nicht übersehen: In programmierten Lerneinheiten werden zunächst Informationen angeboten. Durch Kontrollfragen soll sichergestellt werden, daß diese Informationen richtig aufgenommen wurden.

Am Anfang einer Leittext-gestützten Lerneinheit steht die praktische Aufgaben-

Leittexte im Unterschied zur »Programmierten Unterweisung«.

37

stellung, die das Lern- und Arbeitsziel verkörpert. Im Vollzug der Lern- und Arbeitshandlung(en) wird das Ziel realisiert und Handlungskompetenz erworben. Im Leittext folgt auf die Aufgabenstellung die gedankliche Vorbereitung, angeleitet durch Fragen. Der Lernende bearbeitet die Informationsquellen nach Maßgabe seiner Kenntnislücken.

Das programmierte Lernen zielt eher auf den bloßen Kenntniserwerb, bei der Leittext-Methode ist der Kenntniserwerb eingebettet in die praktische Arbeit.

Beim programmierten Lernen arbeitet der Lernende alleine. Leittexte werden in Gruppen bearbeitet und mit dem Ausbilder durchgesprochen. Diese Tatsache stellt eine gewisse soziale Kontrolle dar und fördert in der Regel die Ernsthaftigkeit in der Bewältigung eigener Defizite.

Leittext-gestütztes Lernen und »Projekt-Methode«.

Die enge Anbindung des Leittext-gestützten Lernens an komplexe Aufgabenstellungen und auch der Ursprung der »Leittext-Methode« läßt eine enge Verbindung mit der »Projekt-Methode« erkennen. Das Leittext-gestützte Lernen übernimmt von der Projekt-Methode die Überzeugung, daß das Lernen dann motivierender ist, wenn der Bezug des Gelernten zu sinnvollen praktischen Aufgaben, die einen Nutzen über den Lernprozeß hinaus haben, deutlich wird. Gleichermaßen teilen beide Konzepte die Auffassung, daß Kenntnisse besser aufgenommen und verankert (behalten) werden, wenn die Anwendung der Kenntnisse während des Lernprozesses eine intensivere innere Be- und Verarbeitung erzwingt, als wenn die Kenntnisse nur passiv aufgenommen werden. Insoweit kann man behaupten, daß die Leittext-Methode die Projekt-Methode in sich aufnimmt.

Einige Kritiker aus dem Lager der Schulpädagogik verweisen darauf, daß mit dem Begriff des Projektes weitere Kriterien verbunden sind, die bei der Leittext-Methode nicht (immer) eingelöst werden, so z.B. die Wahlfreiheit bezüglich der Aufgabenstellung und der anzustrebende Gebrauchswert der hergestellten Gegenstände.

Es ist richtig, daß viele mit Leittexten bearbeitete praktische Aufgaben diesen Kriterien nicht gerecht werden. So werden in zahlreichen Berufen gar keine oder nur wenige Gegenstände hergestellt. Häufig gibt es auch keine Wahlfreiheit. Viele Ausbildungsbetriebe sprechen deshalb auch nicht mehr von Projekten, sondern von Praxis-Aufgaben, Aufgabenstellungen, Aufträgen usw. Die Abgrenzung zu Projekten wird aber nicht immer völlig konsequent beachtet.

Wichtiger als die Erfüllung aller pädagogisch begründeten Projektkriterien erscheint mir für die Auswahl der Aufgabenstellung zu sein, inwieweit die gewählten praktischen Aufgaben angemessene Abbilder der späteren berufstypischen Aufgabenstellungen darstellen.

»Angemessen« heißt in diesem Zusammenhang zweierlei. Einerseits müssen die Aufgaben einen für den Lernenden erkennbaren Bezug zur komplexen Berufspraxis haben. Andererseits müssen sie so reduziert und vorstrukturiert sein, daß sie für den Lernenden noch überschaubar bleiben. Diese Orientierung wird der besonderen Aufgabe der beruflichen Bildung gerecht.

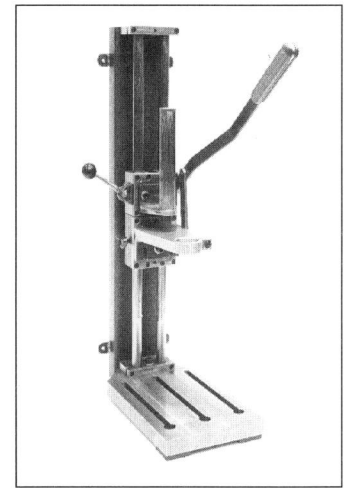

Projekt aus der gewerblichen Ausbildung (Quelle: Stahlwerke Peine-Salzgitter)

Aus der Beschreibung der »Leittext-Methode« im ersten Kapitel wurde bereits deutlich, daß die Leittexte nur gemeinsam mit anderen Elementen die gewünschte Wirksamkeit entfalten. So benötigt man neben den soeben besprochenen Aufgabenstellungen Medien.

Mediengestütztes Lernen hat als eigenständiges Lehr-Lern-Konzept zum Beispiel im Zusammenhang mit Fernlehrgängen eine ausführliche Begründung gefunden. Durch die Entwicklung der Personalcomputer zum fast jedermann verfügbaren Lernmittel und der Weiterentwicklung der Autorensysteme wird dem mediengestützten Lernen zum Beispiel auch als »Computer-unterstützter Unterricht« eine wachsende Bedeutung zugerechnet.

Das Leittext-gestützte Lernen versucht die anderen Medien zu nutzen und in den Lernprozeß zu integrieren. Der Leittext (der selbst natürlich auch zu den Medien zählt) soll die Verbindung zwischen den anderen Medien, die als Kenntnisquellen dienen, und der praktischen Aufgabe herstellen. Die Leittext-Methode will allerdings das Lernen aus und mit Medien nicht verabsolutieren. Deshalb wird auch immer wieder die Rolle und die Bedeutung des Ausbilders betont. Dahinter steckt zum einen die Überzeugung, daß die Medien die Fähigkeit des Ausbilders, die Ursachen für Lerndefizite zu diagnostizieren, nicht ersetzen können. Zum anderen gehen die Befürworter der »Leittext-Methode« davon aus, daß Lernen immer auch ein emotionaler und sozialer Prozeß ist. Aus diesem Grund soll das Lernen möglichst auch in eine Lebenssituation eingebettet sein, die die entsprechenden Bedürfnisse befriedigt. Dazu gehört die Rückmeldung von Personen, die für den Lernenden wichtig sind und zu denen er eine persönliche Beziehung aufbauen kann. Daher bleibt die Bedeutung des Ausbilders als fachliche Autorität und als erwachsener Berater, darum auch die Einbeziehung der Gruppe.

Anders ausgedrückt: Das Fachbuch kann dem Entmutigten nicht auf die Schulter klopfen, der Computer dem Nachlässigen nicht auf die Füße treten.

Leittexte im Vergleich mit anderen Formen des Mediengestützten Lernens.

Kapitel 2
Arbeiten mit der Methode

Wie sieht der Arbeitsalltag des Ausbilders mit dieser Methode aus?

Im Mittelpunkt der Ausbildertätigkeit steht die Betreuung des Auszubildenden beim Erwerb von Qualifikationen. Darum herum ranken sich viele organisatorische und administrative Tätigkeiten. Zunächst werden die Ausbildertätigkeiten im engeren Sinne, also die Arbeiten an den und mit den Auszubildenden, beschrieben. Ausgegangen wird von der Situation des hauptberuflichen Ausbilders, der eine ganze Gruppe von Auszubildenden betreut.

Wenn im folgenden von »Ausbildungsabschnitt« gesprochen wird, so sind damit Phasen von etwa zwei bis vier Wochen gemeint. Im Verlauf eines solchen Ausbildungsabschnittes treten folgende *typische Situationen* regelmäßig auf:

– Einstieg in den Ausbildungsabschnitt;
– Vorstellen der praktischen Aufgabenstellung / des Projektes;
– Einführung in das Leittext-gestützte Lernen, insbesondere in den selbständigen Kenntniserwerb anhand von Leittexten und Medien;
– Beobachten der Teams bei der theoretischen Arbeit und Eingreifen bei Schwierigkeiten;
– Durchsprechen der Antworten auf die Leitfragen und der Arbeitspläne sowie individuelle Reaktion bei unterschiedlichen Leistungen;
– Anleitung bei der Bearbeitung von Übungshilfen;
– Beobachten bei der praktischen Arbeit und Eingreifen bei Schwierigkeiten und sicherheitswidrigem Verhalten;
– Auswerten und Beurteilen von praktischen Arbeitsergebnissen;
– Bewältigung von Konflikten.

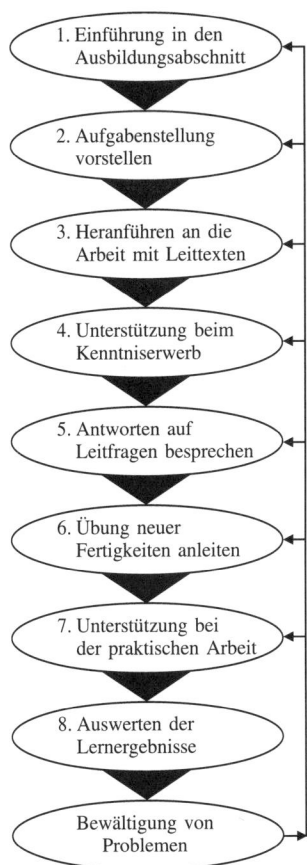

1. Einführung in den Ausbildungsabschnitt
2. Aufgabenstellung vorstellen
3. Heranführen an die Arbeit mit Leittexten
4. Unterstützung beim Kenntniserwerb
5. Antworten auf Leitfragen besprechen
6. Übung neuer Fertigkeiten anleiten
7. Unterstützung bei der praktischen Arbeit
8. Auswerten der Lernergebnisse
Bewältigung von Problemen

Zu den aufgelisteten Situationen werden im folgenden die Aufgaben des Ausbilders benannt und die »Arbeitsregeln«, die sich in der bisherigen Praxis bewährt haben, angegeben.

Einstieg in den Ausbildungsabschnitt

Der Ausbilder muß den Lernprozeß initiieren und in den Lernabschnitt einführen.

Aufgaben

Der Ausbilder muß in dieser Situation einen Überblick über den anstehenden Ausbildungsabschnitt geben: Welche Lernziele werden angestrebt, welche Themen werden behandelt, welche Anknüpfungspunkte gibt es zu vorausgegangenen Lernabschnitten und zum Alltagswissen, welche Bedeutung hat das zu Lernende für die spätere Berufspraxis.

Kennen sich Auszubildende und Ausbilder noch nicht, so wird es eine Vorstellungsrunde geben. Gegebenenfalls sind die Auszubildenden auch mit den Örtlichkeiten und sonstigen Rahmenbedingungen vertraut zu machen.

Überblick und Prägnanz sind wichtiger als Vollständigkeit.

Regeln

Der Ausbilder soll die Auszubildenden nicht mit einer Flut von Detailinformationen überschwemmen, sondern sich auf das Wesentliche konzentrieren. Ohne zusätzliche Hilfen werden sich die Auszubilden sowieso nicht mehr als fünf voneinander unabhängige Punkte merken. In dieser Phase geht es um Überblick und Prägnanz, nicht um Vollständigkeit!

Gespräche führen, keine Vorträge halten!

Der Ausbilder soll die Auszubildenden ins Gespräch ziehen und keine Vorträge halten. Fragestellungen könnten z.B. sein:

– Was wißt Ihr schon über den kommenden Ausbildungsabschnitt?
– Wer hat sich schon einmal mit den angeschnittenen Themen befaßt?
– Welche Erwartungen / Befürchtungen bringt Ihr mit?

Diese fragend-erarbeitende Vorgehensweise geht dann nahtlos in den »fragenden Leittext« über. Die Auszubildenden erfahren schon zu Beginn, daß sie nicht alles »serviert« bekommen, sondern selbst aktiv mitwirken müssen.

Vorstellen der praktischen Aufgabenstellung / des Projektes

Die praktische Aufgabe muß die Lernziele verkörpern.

Aufgabe

Die Lernziele sind für Auszubildende häufig recht abstrakt und auch mit der Themenliste können sie am Beginn des Ausbildungsabschnittes noch recht wenig anfangen. Dem Bedürfnis nach Anschaulichkeit und Orientierung sowie der Notwendigkeit, Neues an Vorkenntnisse anzuknüpfen, wird am ehesten eine überschaubare praktische Aufgabe gerecht. Die praktische Aufgabe muß in diesem Sinne die Lernziele »verkörpern«. (Dieses Kriterium ist bei der Auswahl geeigneter Aufgabenstellungen / Projekte unbedingt zu beachten!)

Beispiel:
Einführung in die Metall-Ausbildung bei der Deutschen Bundesbahn

Nachdem die Verwaltungsarbeiten abgeschlossen sind, kommen die Auszubildenden in ihrer Werkstattgruppe zusammen. Sie wählen sich einen Arbeitsplatz an einem der Sechsecktische und schauen sich die Werkzeugausstattung und die bereitliegenden Lernunterlagen an. Wenn sie sich etwas mit der Umgebung vertraut gemacht haben, trifft sich die Gruppe in der Lernecke. Hier hat der Ausbilder bereits ein Exemplar des ersten Projektes – eine Modelldiessellok – bereitgestellt und die erforderlichen Zeichnungen an der Wand aufgehängt.
Der Ausbilder gibt eine kurze Einführung, wobei er insbesondere auf das Projekt und die Lernunterlagen hinweist.
Die Auszubildenden bearbeiten dann die ersten Seiten des Leittextes. Hier stellt der Leittext sich selbst und das Projekt vor.
Parallel dazu sollen sie das bereitstehende Exemplar auseinanderbauen und die Einzelteile den entsprechenden Zeichnungen an der Wand zuordnen. So lernen sie die vor ihnen liegende Aufgabe gründlich kennen. Die Beantwortung einiger weiterer Leitfragen macht dem Ausbilder deutlich, wie es mit den Vorkenntnissen steht. Der Ausbilder ist in dieser Zeit in der Gruppe anwesend und hilft bei Schwierigkeiten.
Ohne viel Worte ist man schon mittendrin im Bearbeiten des Projektes und im Lernen mit Leittexten.

Regeln

Der Ausbilder tut gut daran, wenn er der Vorstellung der Aufgabe ein besonderes Gewicht zukommen läßt. Die Aufgabe sollte nicht nur verbal beschrieben, sondern durch alle erdenklichen Mittel (Modelle, Übersichten, Blockschaltbilder ...) veranschaulicht werden.
Gemeinsam mit den Auszubildenden soll die Bedeutung, die besonderen Reize und die Schwierigkeiten der Aufgabe erarbeitet werden. Das Gespräch soll es den Auszubildenden ermöglichen, sich grob in das vor ihnen Liegende hineinzuden-

ken und eine Motivation zur Bewältigung der Aufgabe zu entwickeln. Fehlt diese Motivation, so ist auch die emotionale Grundlage für den weiteren Lern- und Arbeitsprozeß unzureichend.

Einführung in das Leittext-gestützte Lernen, insbesondere in den selbständigen Kenntniserwerb anhand von Leittexten und Medien

Aufgabe

Auch das Lernen mit Leittexten will erst gelernt sein.

Eine ausführliche Einführung in das Lernen mit Leittexten ist erforderlich, wenn die Auszubildenden diese Form des Lernens noch nicht kennen. (Später braucht der Ausbilder nur noch die jeweiligen Besonderheiten herauszustellen.)
Im Rahmen der Einführung sollte den Auszubildenden folgendes deutlich werden:
– Die Reihenfolge von Kenntnisbearbeitung, Ausbildergespräch, praktischer Ausführung und abschließender Selbst- und Fremdbewertung;
– Inhalt und Aufbau des Leittextes sowie darauf bezogene Anwendungsregeln;
– Verfügbare Hilfsmittel / Medien;
– »Spielregeln« für die Zusammenarbeit der Auszubildenden untereinander;
– Prinzipien, nach denen der Ausbilder eingreift.

Regeln

Eine kurze Einstiegsinformation wird im Gespräch weiter ausdifferenziert. Schematische Darstellungen des Ablaufs sowie Plakate mit den »Spielregeln« und andere Formen der Visualisierung sollten genutzt werden.
Manche Leittexte stellen sich selbst vor. Das heißt, indem die Auszubildenden das einführende Kapitel bearbeiten, machen sie sich mit der Methode vertraut. Sie bearbeiten erste Fragen in kleinen Gruppen und sprechen ihre Antworten anschließend mit dem Ausbilder durch. Sie nutzen dafür vielleicht schon ansatzweise Medien. (Zum Beispiel könnte sie eine Frage nach den verfügbaren Medien veranlassen, sich im Schrank umzuschauen und alle Unterlagen zumindest einmal in die Hand zu nehmen und die Titel zu notieren.)

Die Aktivität soll schon in dieser Phase so weit wie möglich bei den Auszubildenden liegen.

Wichtig ist, das alle drei bisher aufgeführten Einführungsschritte (Einstieg in den Ausbildungsabschnitt, Vorstellen des Projektes, Heranführung an das Leittext-gestützte Lernen) von den Auszubildenden als angenehm und motivierend erlebt werden. Das geht nur, wenn sich der Ausbilder mit Vorträgen äußerst zurückhält.

Beobachten der Teams bei der theoretischen Arbeit und Eingreifen bei Schwierigkeiten

Aufgaben

Die Auszubildenden bearbeiten die Fragen und Aufgaben des Leittextes möglichst selbständig in kleinen Gruppen. Der Ausbilder sollte sich also mit Eingriffen zurückhalten und den Auszubildenden für ihre Arbeit Zeit lassen. Gerade in der Anfangszeit bereitet diese neue Konzeption den Auszubildenden Schwierigkeiten. Leitfragen werden falsch verstanden, die Angaben in den Medien sind zu abstrakt oder die Auszubildenden finden in den Medien nicht die passende Stelle. Leicht kann das zur Frustration führen und schließlich zur Ablehnung der ganzen Lernkonzeption. Der Ausbilder muß also die Gruppe im Auge behalten und eingreifen, wenn er merkt, daß sie nicht mehr weiterkommt.

Der Ausbilder muß die Auszubildenden in der Anfangszeit bei der Bearbeitung der Leitfragen unterstützen.

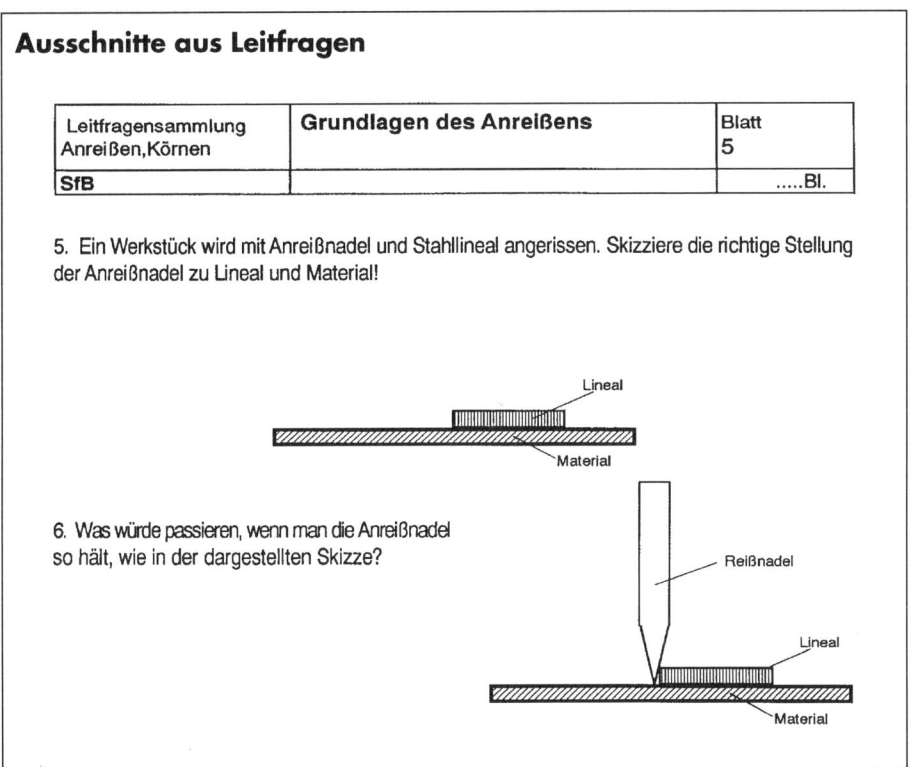

Ausschnitte aus Leitfragen

Leitfragensammlung Anreißen, Körnen	Grundlagen des Anreißens	Blatt 5
SfB		.....Bl.

5. Ein Werkstück wird mit Anreißnadel und Stahllineal angerissen. Skizziere die richtige Stellung der Anreißnadel zu Lineal und Material!

Lineal
Material

6. Was würde passieren, wenn man die Anreißnadel so hält, wie in der dargestellten Skizze?

Reißnadel
Lineal
Material

Quelle: Deutsche Bundesbahn

45

Die Unterstützung muß Hilfe zur Selbsthilfe sein.

Regeln

Die größte Schwierigkeit für den Ausbilder in dieser Situation ist es, den richtigen Zeitpunkt für sein Eingreifen zu wählen. Greift er zu früh ein, so nimmt er möglicherweise der Gruppe das eigene Bemühen ab. Die Auszubildenden gewöhnen sich daran, mit jeder kleinen Schwierigkeit direkt zum Ausbilder zu gehen. Greift der Ausbilder jedoch zu spät ein, geht die Motivation verloren.

Die meisten Ausbilder orientieren sich an der Faustregel, in der Anfangsphase eher etwas zu früh als zu spät einzugreifen. Sie dürfen dann aber nicht einfach die richtige Lösung sagen. Vielmehr sollten sie durch Fragen und andere Impulse die eigenständige Problemlösung durch die Auszubildenden anregen.

Durchsprechen der Antworten auf die Leitfragen und individuelle Reaktion bei unterschiedlichen Leistungen

Vor Beginn der praktischen Arbeit muß eine gründliche gedankliche Vorbereitung sichergestellt werden.

Aufgaben

Grundsätzlich sollte vor der praktischen Ausführung geklärt werden, ob die gedankliche Vorbereitung richtig und vollständig war. Indem der Ausbilder die Antworten auf die Fragen im Leittext und die Arbeitsplanung mit den Auszubildenden bespricht, erkennt er verbliebene Lücken und Defizite. Jetzt ist die richtige Gelegenheit, diese zu schließen bzw. auszugleichen.

Am Ende der Besprechung sollte der Ausbilder sicher sein, daß die Auszubildenden die praktische Arbeit selbständig ausführen können.

Die Erfahrungen verdeutlichen, daß in der Art und Weise, wie der Ausbilder die Gespräche führt, geradezu der Schlüssel zum Erfolg des ganzen Konzeptes liegt.

Regeln

Nur wenn der Ausbilder sich Zeit nimmt für diese Besprechung, macht er den Auszubildenden deutlich, wie wichtig die gründliche gedankliche Vorbereitung ist. Vernachlässigt der Ausbilder dieses Gespräch, werden die Auszubildenden die Bearbeitung des Leittextes nur noch sehr oberflächlich handhaben.

Der Ausbilder muß auch die zurückhaltenden Auszubildenden gezielt ansprechen und durch zusätzliche Fragen sicherstellen, daß jeder im Team den Stoff gedanklich durchdrungen hat. Versäumt dies der Ausbilder, werden einige Auszubildenden zukünftig versuchen, die Antworten von anderen Auszubildenden abzuschreiben. So können sie als »Trittbrettfahrer« ohne eigenständigen und gründlichen Kenntniserwerb durchschlüpfen.

Bei der Besprechung des bearbeiteten Leittextes kommt es nicht darauf an, daß der Auszubildende genau die Formulierung findet, die sich die Ausbilder in der

Vorbereitung als Musterlösung zurechtgelegt haben. Anzuerkennen sind auch sinngemäß richtige Antworten. Überhaupt ist jetzt die Bestätigung der richtigen Ansätze sehr wichtig, weil sonst Mißerfolgserlebnisse die Motivation untergraben.

Sind Antworten falsch, so ist das kein Anlaß zur Kritik, sondern zur gemeinsamen Erörterung des Sachverhaltes. Wieder gilt, daß der Ausbilder nicht direkt die richtige Lösung darlegen sollte. Mit Anregungen und Impulsen ist den Auszubildenden über deren Schwierigkeiten hinwegzuhelfen. Läßt sich der Ausbilder zu leicht dazu hinreißen, ausführliche Erläuterungen zu geben, werden sich die Auszubildenden später nicht die Mühe machen, selbst die Antworten zu erarbeiten.

Ausbilder und Azubi bei der Besprechung der Lernunterlagen.

Jeder Ausbilder muß mit der Zeit ein Gespür dafür entwickeln, was er von seinen Auszubildenden verlangen kann und wieweit seine Unterstützung gehen muß. Überforderung ist genauso schädlich wie Unterforderung. Da der Ausbilder mit der »Leittext-Methode« jedoch etwas mehr Zeit zur individuellen Betreuung erhält und überwiegend mit kleinen Teams arbeitet, wird sich seine »Treffsicherheit« erhöhen.

Anleitung bei der Bearbeitung von Übungshilfen

Aufgaben

Übungshilfen können verhindern, daß unnötige Fehler das eigentliche Projekt beschädigen.

Bei manchen Projekten hat es sich als hilfreich erwiesen, wenn die Auszubildenden eine neue Fertigkeit zunächst an zusätzlichen Werkstücken – sogenannten Übungshilfen – erproben, bevor sie die entsprechende Arbeit am eigentlichen Projekt ausführen. Diese Hilfsmittel sollen verhindern, daß ein Projekt, in dem bereits viel Arbeit steckt, unbrauchbar wird, bloß weil ein Auszubildender einen Fehler macht, der sich mit ein wenig Übung leicht hätte vermeiden lassen.

In den mir bekannten Fällen entscheiden die Auszubildenden – von einigen obligatorischen Übungen abgesehen – meist selbst darüber, ob und wie lange sie eine neue Fertigkeit an der Übungshilfe erproben und einüben.

Zaghafte Auszubildende neigen manchmal dazu, selbst dann noch die Übungshilfe zu bearbeiten, wenn sie die Fertigkeit schon gut beherrschen. Sie verlieren dann wertvolle Zeit für die Projektbearbeitung. Andere Auszubildende können es nicht erwarten, ihr Projekt fertigzustellen. Sie nutzen die Übungshilfen von sich aus gar nicht oder zu wenig. Dann kommt es leicht zu unnötigen und ärgerlichen Fehlern am Projekt. Der Ausbilder muß das Arbeitsverhalten seiner Auszubildenden beobachten und gegebenenfalls beratend eingreifen.

Regeln

Der Ausbilder soll den Auszubildenden die Verantwortung für deren Entscheidungen nicht abnehmen.

Auch hier besteht das Problem für den Ausbilder darin, den passenden Zeitpunkt, das richtige Maß und eine angemessene Form zu finden. Greift er zu früh und zu direktiv ein, nimmt er dem Auszubildenden zuviel Verantwortung ab. Greift er zu spät ein und wird beispielsweise an einem umfangreichen Projekt kurz vor der Fertigstellung ein nicht zu reparierender Fehler gemacht, so ist die Motivation verloren.

Dabei soll trotz des letzten Hinweises nicht verkannt werden, daß dies auch eine heilsame Erfahrung für einen Auszubildenden sein kann, z.B. wenn er trotz Ermahnungen immer wieder ohne gründliches Nachdenken blind darauflos arbeitet. (Derartige »Schocktherapien« sind allerdings nur im Extremfall anzuwenden.)

Beobachten bei der praktischen Arbeit sowie Eingreifen bei Schwierigkeiten und sicherheitswidrigem Verhalten

Aufgaben

An und für sich sollte nach der gründlichen Vorbereitung nun bei der praktischen Arbeit nichts mehr schief gehen. Aber das ist und bleibt graue Theorie. Unvorhergesehenes kommt dazwischen, manche Arbeitsregel wird einfach vergessen, Sicherheitsregeln werden im »Eifer des Gefechts« außer acht gelassen oder schwierige Arbeiten wollen trotz stärksten Bemühens einfach nicht gelingen. Sicherlich hilft auch die gegenseitige Unterstützung der Auszubildenden über manche Klippe hinweg. Aber den Fachmann, den Ausbilder kann das nicht ersetzen. So muß sich der Ausbilder also fast zerreißen, mit einem Auge beobachtet er die theoretische Arbeit eines Teams, mit dem anderen die praktische Arbeit der Restgruppe. Sein Eingreifen ist bei der praktischen Arbeit in folgenden Fällen gefordert:

- Verstöße gegen Sicherheitsregeln;
- Vorgehensweisen, die Sachschaden an Geräten und Maschinen anrichten können;
- Fehler, deren Auswirkungen auf das Projekt sich nicht oder nur mit sehr hohem Aufwand korrigieren lassen;
- Falsches Einüben einer neuen Fertigkeit (z.B. falsche Körperhaltung beim Feilen und Sägen);
- Hastiges und unkonzentriertes Arbeiten;
- Trotz intensiven Bemühens gelingt die Ausführung eines bestimmten Arbeitsschrittes nicht.

Nach wie vor benötigt der Auszubildende die Hilfe des Fachmannes bei der Ausführung der praktischen Arbeit.

Regeln

Bei Unfallgefahr ist sofortiges Eingreifen »ohne-Wenn-und-Aber« erforderlich. In allen anderen Fällen ist wieder das Fingerspitzengefühl des Ausbilders gefordert. Zu Beginn der Ausbildung ist mehr Unterstützung angebracht, nach und nach soll der Auszubildende selbst entscheiden, wann er Hilfe in Anspruch nimmt.

Der Ausbilder soll nicht unbedingt jede negative Erfahrung verhindern. Nicht immer lernen Menschen nur aus Einsicht. Manchmal ist die »schmerzliche« Erfahrung wirksamer. Sicherlich darf man diese Form des Erfahrungslernens nicht zu weit treiben. Die Leittext-Methode darf nicht mit einem »Versuch- und Irrtum-Verfahren« verwechselt werden.

Ziel der Leittext-Methode ist die Entwicklung planmäßigen Vorgehens!

49

Auswerten und Beurteilen von praktischen Arbeitsergebnissen

Eine gründliche Rück-meldung ist Basis für eine gezielte individuelle Förderung in den einzelnen Ausbildungs-einheiten.

Aufgaben

Nach Beendigung eines größeren praktischen Arbeitsabschnittes findet eine Auswertung statt. Zunächst bewerten die Auszubildenden selbst ihre Arbeitsergebnisse. Dabei stützen sie sich gegebenenfalls auf Auswertungsbögen oder Checklisten. Diese Selbstauswertung kann – je nach Beruf und Auftrag – durch Vergleichsstücke oder Musterlösungen unterstützt werden. Manchmal löst auch die gegenseitige Bewertung der Auszubildenden einen nachhaltigen Lerneffekt aus.

Anschließend führt der Ausbilder seine Bewertung durch. Im Gespräch mit dem oder den Auszubildenden werden Gemeinsamkeiten und Unterschiede besprochen. Sind Fehler aufgetreten, so ist zu klären, wie man diese zukünftig vermeiden kann.

Regeln

Der Ausbilder muß in der Auswertungsphase verschiedene Aspekte berücksichtigen. Die Feststellung der Qualität des Arbeitsproduktes ist nur ein – wenn auch sehr wichtiger – Aspekt.

Darüber hinaus geht es aber auch darum, den Prozeß der Entwicklung der Gütemaßstäbe zu unterstützen. Zu Beginn der Ausbildung ist der Auszubildende noch unsicher. Indem er versucht, sich selbst zu beurteilen und dann seine Ergebnisse mit denen des Ausbilders vergleicht, wird seine Urteilsfähigkeit wachsen. Es ist deshalb sehr wichtig, daß der Ausbilder nicht einfach sein Urteil über das Arbeitsergebnis verkündet. Erst die ausführliche Darlegung und Begründung der eigenen Maßstäbe hilft dem Auszubildenden, Sicherheit für die Beurteilung der eigenen Leistung zu entwickeln.

Weiterhin sollte zum Abschluß der Arbeit auch der Ablauf des Lern- und Arbeitsprozesses betrachtet werden: »Was klappte gut, wo lagen Schwierigkeiten, was sollte im nächsten Ausbildungsabschnitt verbessert werden?« Eine ausführliche Erörterung dieser Fragen kann ein wichtiges Gegengewicht bilden, wenn die Auszubildenden zu sehr auf die Fertigstellung des Projektes fixiert sind und die eigentlichen Lernziele aus dem Auge verlieren.

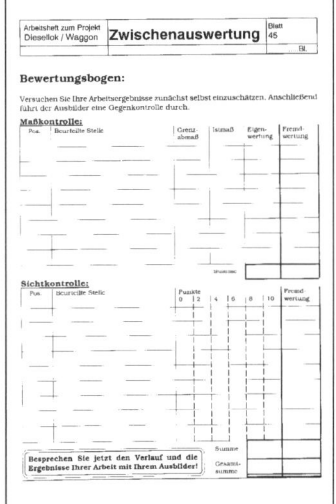

Abbildung eines Auswertungsbogens
(Quelle: Deutsche Bundesbahn)

Bewältigung von Konflikten

Aufgaben

Die bisher aufgeführten Situationen bilden einen gewissen Zyklus, in dem Lern- und Arbeitseinheiten immer wieder ablaufen, vom Einstieg in die Einheit bis zur abschließenden Auswertung.

Ein Aspekt, der in jeder dieser Situationen zum Tragen kommen kann, wurde bisher ausgeklammert: Die Tatsache, daß hier eine Gruppe von Menschen zusammenlebt und -arbeitet, was immer wieder zu Konflikten führt.

Da das Leittext-gestützte Lernen das gemeinsame Lernen und Arbeiten der Auszubildenden fordert und fördert, kann sogar damit gerechnet werden, daß die alltäglichen Reibereien stärker zu Tage treten als in ausbilderzentrierten Situationen.

Der Ausbilder muß diese Konflikte aufgreifen und möglichst als Lernchance nutzen.

Sozialkompetenz entwickelt sich vor allem in der Bewältigung herausfordernder sozialer Situationen.

Regeln

Bei seinem Eingreifen sollte sich der Ausbilder nicht in erster Linie davon leiten lassen, auf kürzestem Wege die mit jedem Konflikt verbundenen Unannehmlichkeiten zu beseitigen. In jeder Auseinandersetzung stecken Lernchancen für die Beteiligten, diese muß der Ausbilder erkennen. Er sollte dann so eingreifen, daß die Beteiligten und die Umstehenden zunächst einmal versuchen, den Konflikt zu verstehen, um dann gemeinsam eine Lösung zu erarbeiten.

Der Ausbilder soll so eingreifen, daß die in der Situation liegenden Lernchancen von der Gruppe genutzt werden können.

Diese vielleicht etwas abstrakten Ausführungen sollen an einem Beispiel erläutert werden:

Zwei Auszubildende streiten sich um die Benutzung einer Bohrmaschine. Jeder reklamiert das Recht des Vortritts mit unterschiedlichen Argumenten für sich. Der Ausbilder hätte jetzt die Möglichkeit zu entscheiden, wer zunächst die Maschine benutzen darf. Der Konflikt wäre damit – zumindest oberflächlich betrachtet – beseitigt.

Im Sinne der Förderung der Teamfähigkeit wäre es aber wünschenswert, wenn alle Beteiligten oder sogar die ganze Gruppe den Fall diskutiert und daraus gewisse, für alle verbindliche »Spielregeln« entwickelt, wie im Konfliktfall Maschinen und andere von allen benötigte Geräte zu nutzen sind. Möglicherweise führt dies zur Aufstellung eines Belegungsplanes, was wiederum die Fähigkeit entwickelt, Arbeitszeiten vorauszuschätzen.

Er soll den Auszubildenden die Konfliktbewältigung nicht abnehmen, sondern sie dabei unterstützen.

Der Ausbilder hilft auch in der Praxis.

Auch dieses Beispiel macht noch einmal deutlich, daß der Ausbilder immer wieder abwägen muß. Einerseits muß er soviel eingreifen, daß die gesteckten Ziele erreicht und die gegebenen Rahmenbedingungen beachtet werden. Andererseits sollte er solche Formen wählen, die die Auszubildenden in alle zu treffenden Entscheidungen so weit wie möglich einbeziehen und die damit auch Verantwortung auf die Auszubildenden übertragen. Bewährt haben sich nicht-direktive Interventionen, die sich dadurch auszeichnen, daß der Ausbilder sehr wohl zeigt, daß er die Probleme sieht und einen unsachgemäßen Umgang damit nicht duldet. Diese Interventionen sind aber auch ein Angebot an die Auszubilden, diese Probleme zunächst selbst zu lösen. Dieses Angebot sollte möglichst mit konkreten Lernhilfen verbunden sein, so daß die Auszubildenden ihre Problem- und Konfliktlösungskompetenz kontinuierlich erhöhen.

Der Ausbilder wird immer dann Anweisungen geben, wenn die Auszubildenden ihre Freiheiten nicht vernünftig nutzen können oder tatsächlich überfordert sind.

Wie ändern sich Aufgaben und Rollen des Ausbilders?

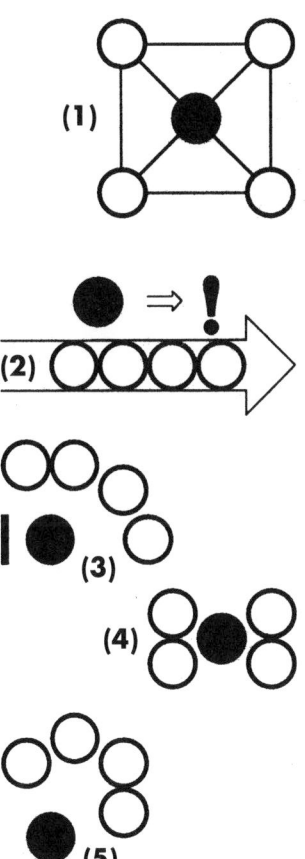

In der herkömmlichen Ausbildung trat der Ausbilder vorrangig als Anweiser und Unterweiser in Erscheinung. Beim Leittext-gestützten Lernen muß der Ausbilder viele verschiedene Rollen wahrnehmen.
Zunächst einmal ist er der Organisator einer komplexen Lern- und Arbeitssituation. Für diese Situation definiert er die Ziele und Rahmenbedingungen gegenüber den Auszubildenden. Er stellt die erforderlichen Hilfsmittel bereit. (1)

Wenn er auf die vorgegebenen Ziele und Rahmenbedingungen achtet und gegen zu starke Abweichungen angeht, ist er Vorgesetzter. (2)

Wenn er bestimmte Fachkenntnisse einbringt oder Fertigkeiten demonstriert – weil diese nicht aus den verfügbaren Medien zu entnehmen sind – so ist er Informator, Ausbilder im klassischen Sinn. (3)

Wenn er den Lern- und Arbeitsprozeß initiiert, wenn er den Lern- und Arbeitsprozeß beobachtet, in diesen moderat eingreift, wenn er mit kleinen Gruppen Lern- und Arbeitsergebnisse durchspricht, Mängel aufzeigt und Abhilfemaßnahmen anrät, so ist er Lernberater. (4)

Wenn er der Gruppe hilft, Konflikte zu bewältigen, mit dem Ziel, die Fähigkeit der Auszubildenden zu fördern, ihren Lern- und Arbeitsprozeß selbst verantwortungsvoll zu regulieren, ist er Moderator. (5)

Die folgende Auflistung soll die bisherige und die veränderte Situation des Ausbilders plakativ gegenüberstellen:

Früher	Heute
Der Ausbilder steht im Mittelpunkt.	Die Gruppe, die Teams, der einzelne stehen im Mittelpunkt, der Ausbilder wirkt aus dem Hintergrund.
Der Ausbilder arbeitet mit der gesamten Gruppe.	Der Ausbilder arbeitet vorzugsweise mit einzelnen oder Kleingruppen.
Der Ausbilder agiert, die Auszubildenden reagieren.	Nach der Einführungsphase agieren vor allem die Auszubildenden. Der Ausbilder kommt stärker in die Rolle des Reagierenden.
Der Ausbilder gibt Anweisungen, trifft Festlegungen.	Der Ausbilder beschränkt sich auf die Vorgabe der Ziele und das Aufzeigen unveränderlicher Rahmenbedingungen. Sonst weist der Ausbilder auf offene Fragen, Schwierigkeiten, Probleme hin und veranlaßt die Beteiligten, sich um eine Bewältigung zu kümmern. Der Ausbilder unterstützt die Auszubildenden, wenn diese an ihre Grenzen stoßen.
Der Ausbilder ist die wichtigste Informationsquelle.	Der Ausbilder steht dann als Informationsquelle zur Verfügung, wenn andere Medien versagen.
Der Ausbilder steuert das Lern- und Arbeitstempo. Um Gruppenunterweisungen sinnvoll durchführen zu können, versucht er die Gruppe zeitlich zusammenzuhalten.	Die Auszubildenden regulieren ihr Lern- und Arbeitstempo – innerhalb gewisser Grenzen – selbst entsprechend ihren jeweiligen Lernbedürfnissen und Lernmöglichkeiten.
Der Ausbilder spricht ein Urteil über die Arbeitsleistung.	Der Ausbilder hilft den Auszubildenden, ihre Leistungen selbst angemessen, d.h. unter Berücksichtigung geltender Maßstäbe, zu beurteilen.
Der Ausbilder entscheidet und straft bei Konflikten.	Der Ausbilder greift Konflikte auf und nutzt die darin enthaltenen Lernchancen. Er hilft den Auszubildenden, die Konflikte selbst zu bewältigen und fördert damit die Sozialkompetenz.

Kapitel 3
Bisherige Erfahrungen –
ein Überblick

Welche Varianten des Leittext-gestützten Lernens haben sich herausgebildet?

Die bisherigen Ausführungen haben die Gemeinsamkeiten des Leittext-gestützten Lernens in den Mittelpunkt gerückt. Dies darf aber nicht darüber hinweg täuschen, daß sich in der Praxis unterschiedliche Varianten dieses Lehr-Lern-Konzeptes herausgebildet haben. Das Konzept des Leittext-gestützten Lernens wurde für die Praxis erarbeitet. Die an der Entwicklung beteiligten Unternehmen und Institutionen hatten das Interesse, Konzepte zu realisieren, die ihren spezifischen Zielen und Rahmenbedingungen, also der jeweiligen Problemlage gerecht wurden. So ist es nicht verwunderlich, daß trotz der gleichen grundlegenden Zielsetzung – Förderung der beruflichen Handlungskompetenz – das Leittext-gestützte Lernen ganz unterschiedliche Ausprägungen erfahren hat.
Für diejenigen, die mit Leittexten ihre Ausbildung gestalten und dabei auf Erfahrungen anderer Ausbildender zurückgreifen wollen, ist es deshalb wohl nicht die Frage, welches generell das beste Konzept ist, sondern welche Gestaltungsvariante den eigenen Zielen und Rahmenbedingungen angemessen ist.

(In dieser Anpassungsfähigkeit der Konzeption an unterschiedliche Anforderungen liegt eine Stärke. Diese hat jedoch auch einen Preis. Man kann nicht ohne weiteres ein fertiges Instrumentarium übernehmen, sondern muß meist selbst eine gewisse Entwicklungsarbeit leisten. Dabei schleichen sich erfahrungsgemäß gewisse Schwächen oder Fehler ein, die man erst nach und nach beseitigen kann.)

Die folgenden Ausführungen skizzieren einige Varianten und die jeweiligen Hintergrundüberlegungen.

Die projektspezifischen Leittexte der Ford-Werke AG, Köln-Niehl

Die Ford-Werke haben 1978 mit der Entwicklung ihrer Leittexte begonnen. Zunächst ging es um die Werkzeugmacher. Folgende Ziele standen im Mittelpunkt:
– Verbesserung der Motivation und des Verantwortungsbewußtseins;
– Stärkung des selbständigen und umsichtigen Handelns sowie planmäßigen und systematischen Vorgehens;
– Förderung der Bereitschaft und der Fähigkeit zum Arbeiten im Team und zur persönlichen Weiterentwicklung.

Die Lehr-Lern-Konzeption war geprägt von dem Bemühen, den Auszubildenden einen größeren Einfluß auf den Verlauf und die Gestaltung der Ausbildung einzuräumen.
Die Ford-Werke begründen dies so:
»1. Die Auszubildenden unterscheiden sich hinsichtlich der Lernvoraussetzungen, des Leistungsniveaus, typischer Lernverhaltensmerkmale sowie des Zeitbedarfs. Bisher praktizierte Unterweisungsformen wurden dieser Vielzahl unterschiedlicher Lerntypen nicht gerecht. Gut und schnell lernende Auszubildende wurden unterfordert, individuelle Lernschwächen konnten nicht immer ausgeglichen werden.
2. Die übergreifenden Qualifikationen wie zum Beispiel Selbständigkeit und Kooperationsfähigkeit müssen schon während der Ausbildung stärker entwickelt werden. Selbständigkeit erwirbt man jedoch nicht durch Auswendiglernen von Ablaufschemata, Kooperationsfähigkeit nicht durch das Büffeln von Verhaltensnormen. Nur das ständige Ausprobieren und das Nachdenken über die gemachten Erfahrungen helfen hier weiter.
3. Lernbedingungen, die die Entfaltung der eigenen Fähigkeiten zulassen, steigern in Verbindung mit attraktiven Lernzielen die Lern- und Arbeitsmotivation. Die damit einhergehende positive emotionale Einstellung zum Lernen begünstigt bekanntlich die Verankerung des Erlernten im Gedächtnis, die Verknüpfung mit bereits Bekanntem und die Fähigkeit, das Erlernte bei neuen Aufgaben anzuwenden.« (Kröll, W. u.a. 1984)

Für die manuelle Grundausbildung wurden fünf kleine Projekte / Aufgabenstellungen ausgewählt (Amboß, Abzieher, Parallelreißer, Maschinenschraubstock, Handpumpe).
Zu jedem Projekt erhält der Auszubildende neben den technischen Zeichnungen eine *Arbeitsmappe.* (Diese entspricht dem Leittext.) Jedes Projekt ist in Teilauf-

gaben untergliedert. Zu jeder Teilaufgabe gehört ein Abschnitt (die sogenannte Lernstufe) in der Arbeitsmappe. Jede *Lernstufe* besteht aus einem Übersichtsblatt, einigen Leitfragen, einer Kenntnischeckliste. Gegebenenfalls gehören auch Auswertebögen und Hinweise auf Übungshilfen dazu.

Das *Übersichtsblatt* benennt die nächste praktische Teilarbeit, die Lernziele, die Hilfsmittel und beinhaltet sonstige Hinweise zum weiteren Vorgehen.

Die *Leitfragen* sollen in die kommende praktische Arbeit einführen. (Worum geht es? Was ist schwierig? Worauf ist ganz allgemein zu achten?)

Anhand der *Kenntnischeckliste* (ebenfalls eine Sammlung von Fragen) können die Auszubildenden überprüfen, ob Sie alle erforderlichen Fachkenntnisse zur Bewältigung der praktischen Arbeit haben. (Da dies in der Regel nicht der Fall ist, müssen sich die Auszubildenden die Antworten aus den bereitstehenden Medien erarbeiten.)

Werden für die anstehende praktische Arbeit neue Fertigkeiten verlangt, so haben die Auszubildenden die Möglichkeit, diese neue Fertigkeit zunächst an einem zusätzlichen Werkstück zu üben. Über das Ausmaß des Übens entscheiden die Auszubildenden meist selbst. Im Arbeitsheft wird immer wieder auf diese *Übungsmöglichkeiten* hingewiesen. Es werden Vorschläge gemacht, was wie geübt werden sollte.

Ist eine etwas umfangreichere Arbeit abgeschlossen, wertet zunächst der Auszubildende, anschließend der Ausbilder diese aus. Dazu dienen die *Auswertebögen* im Leittext.

Auswertungs-unterlagen
Kenntnis-checkliste
Arbeits-hinweise
Leitfragen
Lernstufe 2, Teilaufgabe 2
Auswerte-unterlagen
Kenntnis-checkliste
Arbeits-hinweise
Leitfragen
Lernstufe 1, Teilaufgabe 1
Einführung Projekt
Projekt-Arbeitsheft

Die Elemente des Leittextes bei Ford.

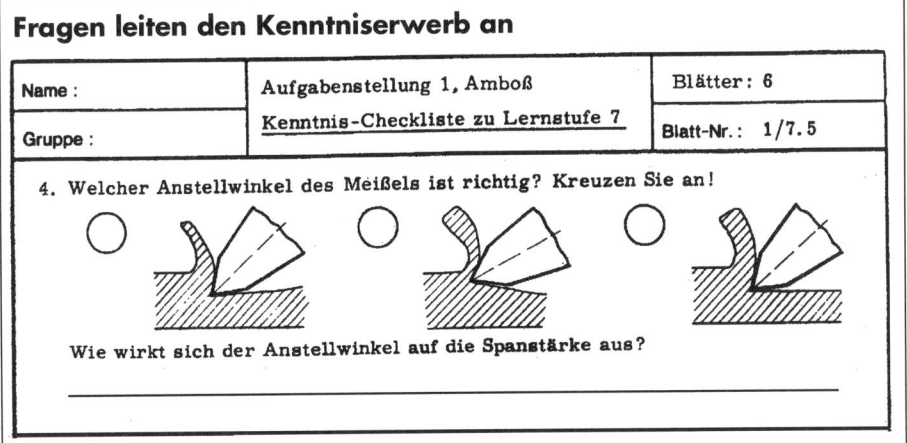

Fragen leiten den Kenntniserwerb an

| Name : | Aufgabenstellung 1, Amboß | Blätter : 6 |
| Gruppe : | Kenntnis-Checkliste zu Lernstufe 7 | Blatt-Nr. : 1/7.5 |

4. Welcher Anstellwinkel des Meißels ist richtig? Kreuzen Sie an!

Wie wirkt sich der Anstellwinkel auf die Spanstärke aus?

Quelle: Ford-Werke AG

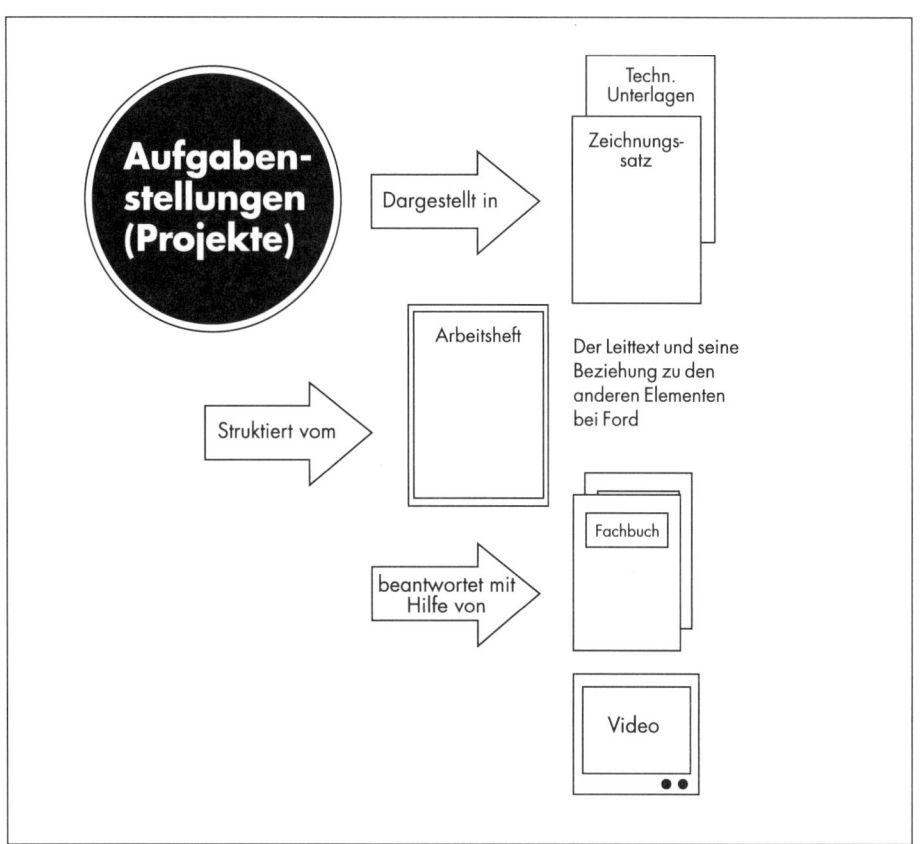

Nachdem sich die Auszubildenden mit dem Projekt vertraut gemacht haben, bearbeiten Sie schrittweise die einzelnen Lernstufen: Zunächst Kenntniserwerb und Durchsprechen mit dem Ausbilder. Dann gegebenenfalls Üben neuer Fertigkeiten. Anschließend Ausführen der praktischen Teilaufgabe. Schließlich Selbst- und Fremdkontrolle. Dann kommt die nächste Lernstufe usw.

Besonderes Merkmal dieser Leittext-Variante ist die besonders enge Verknüpfung des Leittextes mit dem jeweiligen Projekt. Diese Art wird deshalb auch »projektspezifischer Leittext« genannt.

Der Vorteil dieser Konzeption liegt zum einem darin, daß sie vom Auszubildenden relativ leicht zu handhaben ist. Der Kenntniserwerb ist sehr gut auf die praktischen Erfordernisse abgestimmt und damit gut geeignet für Ausbildungsabschnitte, bei denen es um die Grundlagenvermittlung geht. Zum anderen ist diese Art des Leittextes vermutlich am leichtesten zu erstellen.

Der Nachteil dieser Leittext-Variante liegt in der mangelnden Flexibilität. Wollen die Ausbilder oder Auszubildenden das Projekt verändern oder eine andere praktische Aufgabe bewältigen, so erfordert dies weitgehende und aufwendige Veränderungen am Leittext. Das heißt, diese Form des Leittextes schränkt die angestrebte Flexibilität von Ausbildern und Auszubildenden deutlich ein.

**Auszüge aus einem Interview mit Herrn Leifgen,
Leiter der technischen Berufsausbildung, Ford-Werke AG Köln**

Herr Leifgen, Sie benutzen die Leittext-Methode seit 1979. Zunächst wurde sie im Bereich der Werkzeugmacher (heute Werkzeugmechaniker) eingesetzt. Welche Gründe haben die Ford-Werke bewogen, diesen methodischen Weg einzuschlagen?
Herr Leifgen: Mehrere Gründe spielten eine Rolle, u.a.: Die Erhöhung der Selbständigkeit und damit ein leichterer Übergang von der Ausbildungswerkstatt in den Betrieb; die stärkere Berücksichtigung der individuellen Unterschiede der Auszubildenden; die Verbesserung der Motivation und damit die Verringerung von Disziplinschwierigkeiten.

Haben Sie Ihre Ziele erreicht? Wie sind Ihre Erfahrungen?
Herr Leifgen: Wir sind unseren Zielen ein deutliches Stück näher gekommen! Die Leittext-Methode ist aber auch keine Wunderwaffe, die mit einem Schlag alle Schwierigkeiten beseitigt. Um es noch etwas konkreter darzulegen: Mit den Prüfungsergebnissen sind wir sehr zufrieden. Mit unserer Konzeption waren wir gut vorbereitet auf die Umstellungen, die sich aus der Neuordnung der industriellen Metallberufe ergeben haben.
Die Rückmeldungen aus den Betrieben zeigen, daß wir in Sachen »Selbständigkeit« ein gutes Stück vorangekommen sind. Schon während der Ausbildung zeigen die Auszubildenden mehr Eigeninitiative als früher. Die Auszubildenden sind aber nach wie vor »ganz normale« junge Leute, mit all ihren Stärken und Schwächen. Dann und wann sind ein paar deutliche Worte immer noch angebracht.
Die Ausbilder haben sich nach teilweise anfänglichem Zögern mit Ihrer neuen Rolle angefreundet. Ich kann mir nicht vorstellen, daß einer meiner Mitarbeiter zum alten System zurückkehren möchte. Es gibt wohl zu einzelnen Aspekten

Kritik. Dieser gehen wir nach. Wir arbeiten kontinuierlich weiter an Verbesserungen.

Hat sich all der Entwicklungsaufwand rückblickend gelohnt?
Herr Leifgen: Mit dieser Frage sprechen Sie wirklich einen wunden Punkt an. Der Aufwand insbesondere für die Erstellung der Leittexte war außerordentlich hoch und hat allen Beteiligten sehr viel Kraft gekostet. Andererseits sehe ich nicht, welche Alternative wir gehabt hätten. Wer heute eine gute, zukunftsorientierte Ausbildung verwirklichen will, kommt an einem gewissen Aufwand für die Weiterentwicklung und Erprobung von Ausbildungskonzepten nicht vorbei.

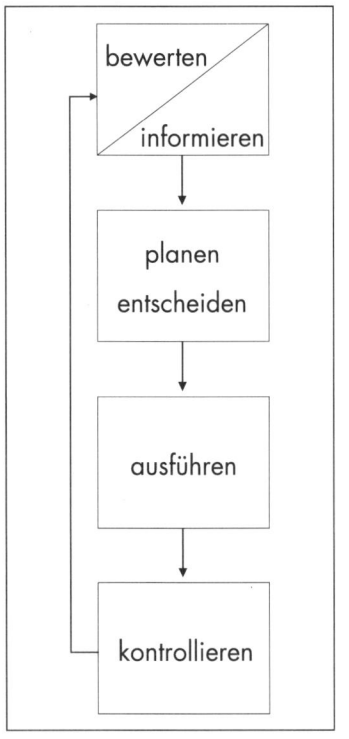

Die Hauptschritte des Lern- und Arbeitsprozesses (Quelle: Stahlwerke Peine-Salzgitter AG)

Leittexte als Diagnose- und Stützinstrumente; die Konzeption der Peine-Salzgitter AG

Zeitlich parallel zu den Ford-Werken wurden auch in Salzgitter Leittexte für Betriebsschlosser entwickelt. Auslöser war hier die Einführung des schulischen Berufsgrundbildungsjahres im Berufsfeld Metall (siehe dazu auch Kapitel 1). Die Auszubildenden kamen also erst im zweiten Ausbildungsjahr in die betriebliche Ausbildung.

Im zweiten und dritten Ausbildungsjahr wird eine kombinierte Dreh-Drechselmaschine, die sich auch zu einer Kreissäge erweitern läßt, hergestellt. Dies ist die sogenannte *Hobbymaschine*.

Die Auszubildenden arbeiten insgesamt etwa sechs Monate an diesem umfangreichen Projekt. (Die andere Ausbildungszeit absolvieren die Auszubildenden verschiedene Fachlehrgänge. Projekt- und Lehrgangsausbildung wechseln einander ab.)

Für das Gesamtprojekt gibt es eine *Einleitung* sowie verschiedene *Planungsunterlagen*. Der Gesamtleittext umfaßt außerdem für jede Fertigkeit aus dem Bereich der Metallbearbeitung eine Zusammenstellung der wichtigsten Arbeitsregeln, also ein praxisorientiertes Fachbuch in stark komprimierter Form.

Die Hobbymaschine besteht aus *zehn Teilprojekten*. Die übrigen Elemente des Leittextes sind diesen *zehn* Teilen zugeordnet. Für jedes Teilprojekt gibt es neben der technischen Zeichnung *Leitfragen*, *Arbeitsschrittkarten* und *Auswertebögen*.

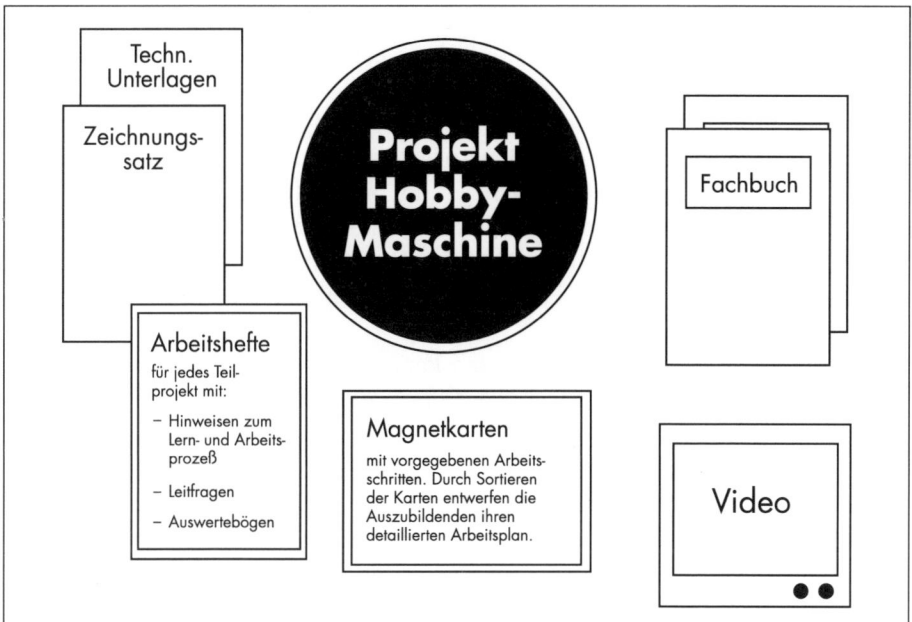

Quelle: Stahlwerke Peine-Salzgitter AG

Nachdem sich die Auszubildenden anhand von Modellen, Zusammenbauzeichnung und Einleitung mit dem Gesamtprojekt vertraut gemacht haben, beginnt die Arbeit am ersten Teilprojekt. In Teams werden die Leitfragen beantwortet und anschließend mit dem Ausbilder besprochen. Als nächstes ist ein detaillierter Arbeitsplan zu erstellen. Dazu dienen die bereits erwähnten Arbeitsschrittkarten. Auf jeder Karte ist ein wichtiger Arbeitsschritt angegeben. Die Auszubildenden müssen nun diese Karten in eine sinnvolle Reihenfolge bringen. So entsteht der Arbeitsplan. Auch dieser wird wieder mit dem Ausbilder durchgesprochen.
Die Beantwortung der Leitfragen und die Arbeitsplanung stellen die gedankliche Vorbereitung auf die kommende praktische Arbeit dar, die nun ausgeführt wird. Nach Abschluß der praktischen Arbeit wird diese anhand der Auswertungsbögen kontrolliert. Sind Defizite erkennbar, so wird mit dem Ausbilder besprochen, was zur Beseitigung der Schwächen zu tun ist.
Auch bei diesem Leittext haben wir einen engen Bezug zwischen praktischer Aufgabe und Lernunterlage. Auch dies ist also ein projektspezifischer Leittext. Dennoch werden im Vergleich mit dem Leittext von Ford einige bemerkenswerte Unterschiede deutlich.

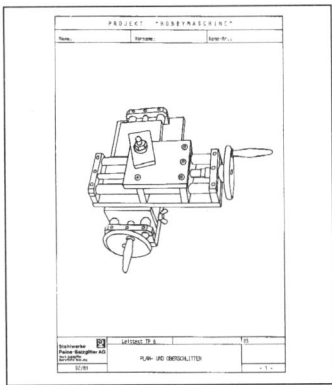

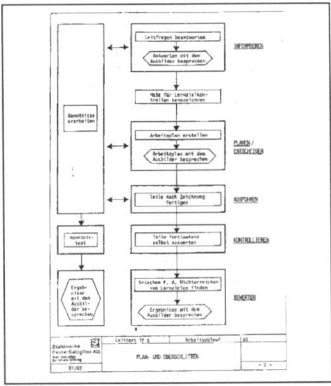

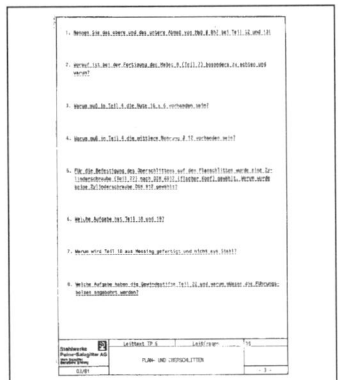

Auszüge aus Leittexten
(Quelle: Stahlwerke Peine-Salzgitter AG)

Vom Umfang der praktischen Arbeit her entspricht ein Teilprojekt der Hobbyma-schine in etwa einem Projekt von Ford. Zur Bearbeitung eines Teilprojektes der Hobbymaschine gehören meist ca. 20 Leitfragen. Der Leittext der Ford-Werke zum ersten Projekt untergliedert aber die Bearbeitung des Projektes in 15 Lern-stufen und zu jeder Lernstufe werden zwischen 10 und 25 Fragen gestellt. D.h. die Auszubildenden haben bei Ford insgesamt bis zu 300 Fragen zu beantworten. Bei den umfangreicheren Projekten sind es noch mehr.

Dieser Unterschied ergibt sich aus der Tatsache, daß bei Ford die *Erstvermittlung* im Vordergrund steht, während es bei den Stahlwerken Peine-Salzgitter um *An-wendung und Vertiefung* geht.

Neben den quantitativen Unterschieden kann man auch einen Unterschied im Gegenstand der Fragen feststellen. Die Fragen bei P&S zielen vorrangig auf das Verstehen der technischen Zeichnungen.

Bei Ford gilt dies nur für einen Teil der Fragen. Die meisten Fragen leiten direkt das Erlernen von praxisnahen Kenntnisse an, die selbst wieder die unmittelbare Vorbereitung für den Erwerb der Fertigkeiten sind.

Die umfangreicheren und feiner gegliederten Leittexte der Ford-Werke stellen aber auch eine stärkere Anleitung für Auszubildende und Ausbilder dar. Demgegen-über läßt das Konzept von P&S mehr Gestaltungsspielraum.

Diese Gegenüberstellung soll deutlich machen, daß u.a. durch die Art der Gliede-rung und damit der Verzahnung von Theorie und Praxis sowie durch die Anzahl und die Art der Fragen dem Leittext seine je spezifische Rolle im Lernkonzept zugewiesen wird. Daraus folgt, daß diejenigen, die selbst Leittexte ausarbeiten wollen, sich zunächst über die Gesamtgestaltung der Lehr-Lernsituation im kla-ren sein müssen, ehe sie an die Ausarbeitung des Leittextes gehen.

Das Auftragstypen-Konzept der Hoesch Stahl AG

Die Hoesch Stahl AG hat 1982 begonnen, ein verändertes Konzept der Leittexte auszuarbeiten. Sie konnte dabei auf die Erfahrungen von Ford und P&S zurück-greifen.

Im Mittelpunkt der Weiterentwicklung stand das Anliegen, die Leittexte so zu gestalten, daß sich damit nicht nur feststehende Lernprojekte sondern auch rich-tige betriebliche Fertigungs- oder Wartungsaufträge bearbeiten lassen. Ziel war es, eine hohe Praxisnähe der Ausbildung zu gewährleisten, die Ausbildungswerk-statt enger an das betriebliche Geschehen anzubinden.

Im Ausbilder-Handbuch wird der Ansatz so begründet:
»Wie bei allen Hüttenwerken besteht auch bei der Hoesch Stahl AG die Schwierigkeit, nach der Grundausbildung eine systematische Ausbildung in den Betriebsabteilungen sicherzustellen.
Um eine praxisnahe Fachausbildung zu ermöglichen, wird die Ausbildung im zweiten und dritten Ausbildungsjahr seit Jahrzehnten in den Ausbildungswerkstätten mit Hilfe ausbildungsgerechter Fertigungsaufträge unterschiedlicher Art und unterschiedlichen Ausmaßes durchgeführt.
Dazu wurden in den beiden Ausbildungswerkstätten Phoenix und Westfalenhütte in dem Metallbereich u.a. eigenständige Schlossereien eingerichtet. Wie in einem Fertigungs- und Reparaturbetrieb laufen die Aufträge mit den vom Technischen Büro durch die Konstrukteure und die Zeichnerauszubildenden gefertigten Zeichnungen durch die Ausbildungswerkstätten.« (Bockelbrink, K.-H. u.a. 1987, S. 30/31)

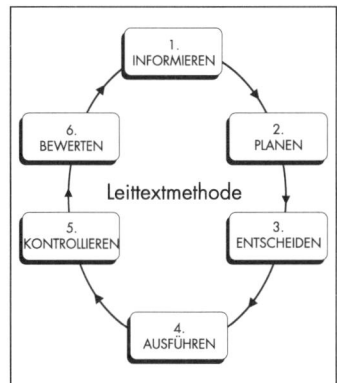

Quelle: Hoesch-Stahl AG

Als erstes folgt aus diesem Anspruch, daß die Leittexte einerseits allgemeiner gehalten sein müssen und andererseits umfangreicher sind, um den verschiedenen denkbaren Anforderungen der unterschiedlichen Aufträge eines Typs gerecht zu werden.
Zum zweiten folgt daraus, daß sich eine gewisse Hierarchie von Leittexten ergibt: Übergeordnete Leittexte, die den Gesamtablauf des Lernens und Arbeitens strukturieren und untergeordnete, die der Erarbeitung spezieller fachlicher Fragestellungen dienen.
Das auftragsbezogene Leittext-System umfaßt dementsprechend folgende Komponenten (Bockelbrink, K.-H. u.a. 1987, S. 30/31):

»1. Allgemeine Leittexte

1.1 Leittext: Allgemeine Auftragsbearbeitung (Faltblatt)

Dieser Leittext besteht aus:
Fragen zum Auftrag
Allgemeine Leitfragen zum Auftrag
Formblatt für die Arbeitsplanung
Formblatt für den Kontrollbogen
Formblatt für die Arbeitsmittel
Dieser Leittext soll bei jedem Auftrag bearbeitet werden. Er wird entweder allein bearbeitet (z.B. bei kleinen Aufträgen) oder er dient als »Mantel« für weitere Leittexte, die in das Faltblatt eingelegt werden.

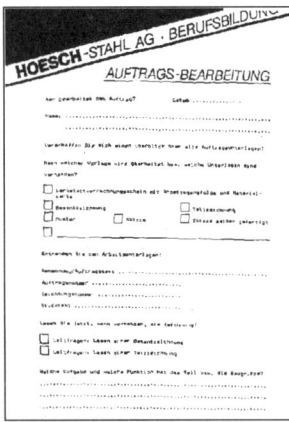

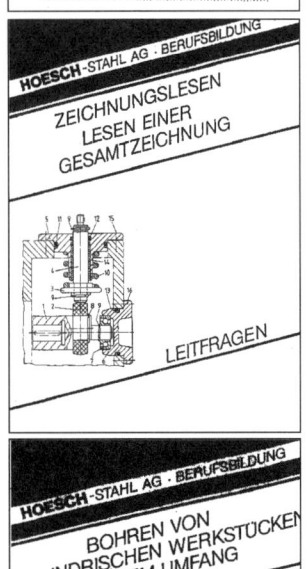

Ausschnitte aus Leittexten
(Quelle: Hoesch-Stahl AG)

1.2 Leittext Zeichnungslesen

Dieser Leittext besteht aus:
Leitfragen Gesamtzeichnungslesen
Leitfragen Teilzeichnungslesen
Leitsatz Zeichnungslesen
Die Leitfragen Gesamtzeichnungslesen sollen immer bearbeitet werden, wenn eine Gesamtzeichnung vorhanden ist.
Die Leitfragen Teilzeichnungslesen sollen insbesondere im zweiten Ausbildungsjahr beantwortet werden.

2. Leittexte für Auftragstypen

Es gibt Leittexte für folgende Auftragstypen:
Fertigen von Einzelteilen
– Bohren von flächigen Werkstücken über 3 mm Materialstärke
– Bohren von zylindrischen Werkstücken auf dem Umfang
– Bohren von Lochkreisen (z.B. Lagerdeckel, Flansche)
– Herstellung von Ausnehmungen, Durchbrüchen und Langlöchern
– Bearbeiten von Blechen bis 3 mm Materialstärke

Bearbeiten und Fügen von Einzelteilen (Neuanfertigung)
– Bearbeiten und Fügen von Hohlprofilen, Form- und Stabstählen zu Rahmen, Gittern usw.
– Passen und Fügen von Blechteilen bis 3 mm Materialstärke
– Vorbereiten, Ausrichten und Fügen von Brennteilen, Form- und Stabstählen zu Stahlbaukonstruktionen
– Fügen und Sichern von Maschinenteilen (z.B. durch Verschrauben, Verstiften usw.)

Demontage, Montage und Instandsetzung
– Demontage von Getrieben und Wellen
– Montage von Getrieben und Wellen
– Demontage von Maschinen und Baugruppen einschließlich Fehlersuche.

3. Lernpaß

Jeder Auszubildende führt während seiner gesamten Ausbildung einen Lernpaß. In diesem Lernpaß werden alle Ausbildungsleistungen eingetragen, insbesondere die Bearbeitung der Auftragstypen.

4. Übersichtsplan für die Auftragstypen

Dieser Plan enthält für jeweils eine Ausbildungsgruppe die Übersicht, welche Auftragstypen von welchen Auszubildenden bereits bearbeitet worden sind. Der Übersichtsplan dient dem Ausbilder als Hilfe bei der Auftragsvergabe.

5. Leitsätze

Sie enthalten zusätzliche fachliche, auf die Facharbeitertätigkeit ausgerichtete Informationen wie praktische Hinweise und Tips.«

Vergleicht man das Konzept von Hoesch mit denen von Ford und P&S, so fällt die zunehmende Flexibilität ins Auge: Zum einem, was die zu bewältigende praktische Aufgabe betrifft, zum anderen, inwieweit es möglich ist, die Leistungsfähigkeit und den Lernstand der einzelnen Auszubildenden zu berücksichtigen. Gleichermaßen offensichtlich ist aber auch, daß die Ausdifferenzierung der Unterlagen, die Einführung der Auszubildenden in das Lernsystem erschwert. Auch der Aufwand für die Erstellung der Unterlagen ist sicherlich höher einzuschätzen. In diesem Zusammenhang ist vielleicht der Hinweis von Bedeutung, daß die Auszubildenden bei Hoesch im ersten Ausbildungsjahr nach der herkömmlichen Unterweisungsmethode ausgebildet werden.

HOESCH-STAHL AG · BERUFSBILDUNG

LERNPASS

INDUSTRIEMECHANIKER
FACHRICHTUNG BETRIEBSTECHNIK

PERSONALIEN

Name

Vorname

Stammnummer

von   bis
Dauer der Berufsausbildung

Quelle: Hoesch-Stahl AG

Interview mit Herrn Karl-Heinz Bockelbrink, Abteilungsleiter der Berufsbildungsplanung Hoesch-Stahl AG und zuständiger Projektleiter für den beschriebenen Modellversuch

Sie haben besonders im zweiten Ausbildungsjahr stark auf Leittexte gesetzt. Was hat bei der Hoesch-Stahl AG diese Entwicklung veranlaßt?
Herr Bockelbrink: Es gab und gibt mehrere Gründe: 1. Forderungen der Betriebsleitungen, daß die Facharbeiter mehr Handlungskompetenz vermittelt bekommen, weil sie z.B. auf einer Schicht als »Einzelkämpfer« selbständig entscheiden und handeln müssen. 2. Ausbildungsordnungen für die neugeordneten industriellen Metallberufe stellen entsprechende Anforderungen.

Welche Erfahrungen haben Sie gemacht? Wie sind Sie mit den Ergebnissen zufrieden?
Herr Bockelbrink: Die Ergebnisse sind ja nicht ohne weiteres exakt zu messen. Dennoch kann man mit Sicherheit folgende positiven Effekte herausstellen: Die Auszubildenden sind selbständiger geworden und arbeiten bereits in der Aus-

bildung im Prinzip wie Facharbeiter. Die Fachgespräche zwischen Lernenden und Lehrenden verlaufen auf einem deutlich höheren Niveau.

Wo haben sich zwischen ursprünglicher und aktueller Konzeption Veränderungen ergeben?
Herr Bockelbrink: Am Anfang haben wir für die Handhabung der Konzeption sehr enge Vorgaben gemacht. Inzwischen hat sich vieles eingespielt. Wir kommen mit weniger Vorgaben aus, so daß sowohl die Auszubildenden als auch die Ausbilder in ihrem Handeln freier geworden sind.

Hat sich der Aufwand für die Entwicklung der Konzeption und die Erstellung der umfangreichen Lernunterlagen überhaupt gelohnt?
Herr Bockelbrink: Ja, weil die Ausbilder jetzt größere Freiräume in ihren Aufgaben haben und Schwerpunkte setzen können.

Welche Tips würden Sie einem Ausbildungsverantwortlichen mit auf den Weg geben, wenn er selbst beginnen will, mit der Leittext-Methode zu arbeiten?
Herr Bockelbrink: Er sollte auf Methodenvielfalt achten! Er sollte in aller Ruhe mit den Ausbildern über die positiven Elemente der Leittext-Methode sprechen. Er sollte die Ausbilder so früh wie möglich in die Planung und die Ausarbeitung der Unterlagen und Hilfsmittel einbeziehen.

Das Ausbildungskonzept der Deutschen Bundespost Telekom für Kommunikationselektroniker(innen)

Mit dem Einstellungsjahrgang 1987 wurde der neugeordnete Ausbildungsberuf »Kommunikationselektroniker / Fachrichtung Telekommunikationstechnik« bei Telekom eingeführt, die Ausbildung zum Fernmeldehandwerker lief aus.

Die Konzeption hatte ursprünglich die wohlklingenden Namen: MAUSY und LOLA. Jetzt heißt sie: Modulausbildung / Leitfragengestützte Ausbildung mit Modulen.

Wie bei allen bisher beschriebenen Beispielen ging es auch bei Telekom um die Umsetzung der Neuordnung und damit um die Förderung der beruflichen Handlungskompetenz.
Bei den Modulen handelt es ich um mehr oder weniger komplexe Lern- und

Arbeitsaufträge. Sie ließen sich auch als Projekte bezeichnen. Jedes Modul bezieht mehrere Qualifikationsbereiche (Abschnitte des Ausbildungsrahmenplanes) ein.

Jeder Auftrag ist auf einer Modulkarte ausführlich beschrieben. U.a. benennt die Modulkarte die erreichbaren Qualifikationen und die voraussichtliche Bearbeitungszeit.

Es gibt eine Vielzahl von Modulen für jedes Ausbildungsjahr, so daß die Auszubildenden und die Ausbilder eine gewisse Wahlmöglichkeit haben. Sie müssen allerdings bei Ihrer Auswahl beachten, daß alle vom Ausbildungsrahmenplan vorgegebenen Qualifikationsbereiche angemessen abgedeckt werden. Die Wahlmöglichkeit erlaubt es – und darin liegt ein ganz wichtiger Gesichtspunkt – daß die Auszubildenden gerade solche Module bearbeiten können, an denen sich vorhandene Schwächen besonders gut ausgleichen lassen.

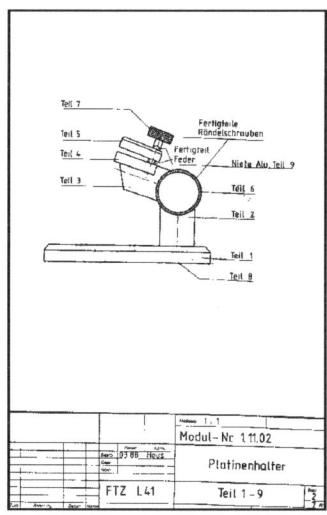

Modulbeispiel (Quelle: Fernmeldetechnisches Zentralamt)

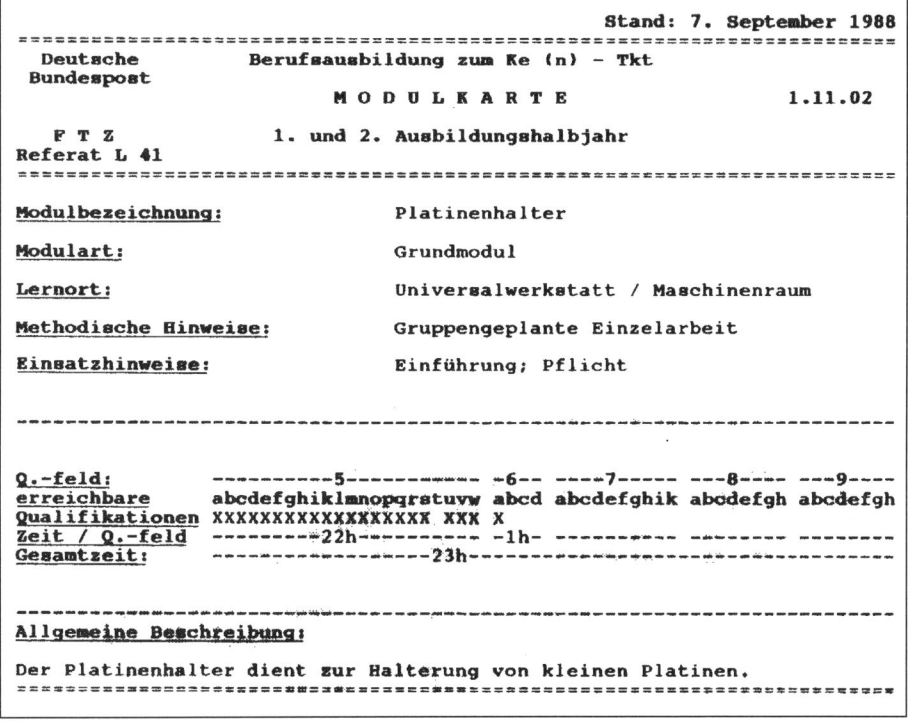

Quelle: Fernmeldetechnisches Zentralamt, Darmstadt 1988

Leitfragen bei Telekom (Quelle: Fernmeldetechnisches Zentralamt, Darmstadt 1988)

Um die Auswahl zu erleichtern, sind die Module in Grund-, Ausgleichs- und Vertiefungsmodule eingeteilt. Für die Reihenfolge gibt es eine Empfehlung, die aber noch ausreichend Entscheidungsfreiräume offen läßt.

Die flexible Modulwahl hat erhebliche Auswirkungen auf die Gestaltung der Leitfragen. Da nun nicht mehr feststeht, zu welchen Zeitpunkt und bei welchem Modul ein Auszubildender mit einer bestimmten Thematik oder mit einer neuen Fertigkeit das erste Mal konfrontiert wird, müssen die Leitfragen so aufgebaut sein, daß sie eine flexible Handhabung zulassen. Es bilden sich zwei Arten von Leitfragen heraus, solche mit Typenleitfragen und Grundlagenleitfragen.

In einer posteigenen Darstellung werden die beiden Arten so beschrieben:

Typenleittexte	Grundlagenleittexte
Typenleittexte beziehen sich auf typische Arbeitsaufgaben (Bohren, Löten, Bestücken von Platinen usw.) und können im Bedarfsfall, d.h. wenn ein Arbeitsgang derartige Tätigkeiten enthält, herangezogen werden.	Der Grundlagenleittext bereitet keine unmittelbar folgende Arbeitsausführung vor. Er soll vielmehr anregen, sich Wissen anzueignen, das häufig gefordert wird und zur Lösung einer bestimmten Aufgabe dient.

Beispiel:
Modulbezogener Leittext:
    Welche Funktion hat in diesem Modul
    die Bohrung mit dem Durchmesser
    6,5 mm.
Typenleittext:
    Erläutern Sie die Funktion(en) der
    herzustellenden Bohrung(en).
	Beispiel:
	Modulbezogener Leittext:
	    Messen Sie die Spannungen an den
	    Widerständen R1, R2 usw., und
	    tragen Sie die Spannungswerte in die
	    Tabelle ein.
	Grundlagenleittext:
	    Erläutern Sie den Arbeitsablauf einer
	    Spannungsmessung.

Quelle: Dunkel, J., Kauser, H.-D. 1988, S. 177 f.

Die angeführten Beispiele zeigen, wie durch Abkopplung des Leittextes von einem bestimmten Modul die Fragestellung notwendigerweise allgemeiner gehalten werden muß. In der Regel wird damit aber die Frage auch anspruchsvoller und die Beantwortung schwieriger.

**Auszüge aus einem Gespräch mit Herrn Kullmann,
Referatsleiter beim Fernmeldetechnischen Zentralamt
in Darmstadt**

Herr Kullmann, seit 1987 verwenden Sie die Modulausbildung. Warum arbeiten Sie mit dieser Konzeption?
Herr Kullmann: Ziel war es, über den Erwerb der fachlichen Qualifikationen hinaus, die Auszubildenden für ihre spätere berufliche Tätigkeit so zu qualifizieren, daß ihre Einarbeitungszeit möglichst kurz wird. Durch selbständiges Ausführen komplexer Arbeitsaufräge erwerben sie bereits während der Ausbildung neben der Fachkompetenz die dafür erforderliche Handlungs- und Sozialkompetenz.

Sie arbeiten mit Modulen und mit Leitfragen. Welche Rolle spielen diese?
Herr Kullmann: Module sind im Prinzip Projekte, die die Auszubildenden selbständig bearbeiten und dabei die geforderten Qualifikationen erwerben. Sie beginnen mit der Bearbeitung eines einfachen Namensschildes und bearbeiten dann immer schwierigere Module bis hin zum Zusammenbau einer komplizierten elektronischen Anlage. Die alte Form des »Vormachens« durch den Ausbilder und des »Nachmachens« durch die Auszubildenden wird abgelöst durch die »Vollständige Handlung«: Informieren, Planen, Entscheiden, Ausführen und Kontrollieren, so, wie es der Facharbeiter in der Praxis auch macht.
Zusätzlich zu den Modulen bearbeiten die Auszubildenden Leitfragen in der Informationsphase. So werden zu Beginn der Module die Grundkenntnisse erworben. Eine Menge von modulbegleitendem Text kann entfallen. Für viele Module gleiche Informationsinhalte brauchen so nur einmal bearbeitet zu werden, etwa vergleichbar mit einem vor die Klammer gezogenen Faktor in der Mathematik.

Welche Erfahrungen haben Sie bisher gemacht?
Herr Kullmann: Die Ergebnisse sind positiv. Nach anfänglicher Skepsis bei manchen Ausbildern wurde das Konzept sehr schnell angenommen.
Die Auszubildenden werden durch die neuen Methoden viel stärker motiviert und erzielen dadurch einen schnelleren Lernfortschritt. Dies wurde auch durch die Ergebnisse des ersten Prüfungsjahrganges belegt.

Steht der Aufwand in einem vertretbaren Verhältnis zum Erfolg?
Herr Kullmann: Obwohl das erstmalige Erstellen der erforderlichen Unterlagen sehr aufwendig war, muß gesehen werden, daß dieses für die beteiligten Kräfte selbst einen großen Motivationsschub darstellte. Die Tätigkeit in den Arbeits-

gruppen war gleichzeitig eine umfassende Fortbildungsmaßnahme. Die Beteiligten konnten Ihr Wissen unmittelbar an ihre Kollegen in den Berufsbildungsstellen weitergeben. Außerdem relativiert sich der Aufwand durch die große Zahl der Auszubildenden bei Telekom.

Die umfangreichen Erfahrungen, die Telekom auf dem Gebiet der Leitfragengestützten Modulausbildung und mit der Vielfalt der eingesetzten modernen Kommunikationstechniken (z.B. mit der Computersimulation und mit dem Computer-unterstützen Unterricht) gesammelt hat, waren Anlaß für das Bundesinstitut für Berufsbildung, unserer Ausbildung durch Aufnahme in das EG-Projekt PETRA (Partnership in Education and Training) eine europäische Dimension zu geben.

Es gibt Parallelen zwischen dem Leittext-Konzept der Telekom und dem von Hoesch.

Telekom	Hoesch
Modulkarte	Leittext »Auftragsbearbeitung«
Grundlagenleitfragen	Leittext »Zeichnungslesen«
Typenleitfragen	Auftragstypenleittext

Im Unterschied zu Hoesch behält aber Telekom die Projektidee in Form von Modulen bei und setzt dieses Vorgehen schon vom ersten Ausbildungstag an ein. Dieses Konzept gibt Ausbildern und Auszubildenden sehr viele Gestaltungsmöglichkeiten. Allerdings muß die Auswahl der Module und die Zuordnung der Leitfragen sehr sorgfältig erfolgen. Neben dem Aspekt der Vollständigkeit (s.o.) ist auch eine sinnvolle Reihenfolge (u.a. »Vom Leichten zum Schweren«) und eine ausgewogene Gewichtung von Theorie und Praxis bei jedem Modul zu beachten. Werden zu Beginn der Ausbildung zu anspruchvolle Module gewählt – wozu viele Auszubildende aus einer gewissen Selbstüberschätzung heraus neigen – so müssen für wenig Praxis sehr viele Leitfragen bearbeitet werden. Dies überstrapaziert einerseits die Motivation. Andererseits verspricht dies auch nur wenig Lernerfolg, weil die gedankliche Verarbeitung und die praktische Umsetzung zu kurz kommen.

Um die Wahlfreiheit einerseits und eine lernsystematisch sinnvolle Reihenfolge andererseits zu verwirklichen, ist Telekom jetzt dabei, ein Orientierungsmuster auszuarbeiten mit Hinweisen auf eine optimale Modulreihenfolge und Leitfragen-zuordnung.

»Selbständigkeit-fördernde Ausbildung« bei der Deutschen Bundesbahn

Die Deutsche Bundesbahn hat 1983 begonnen, ihre Ausbildungskonzepte zu überarbeiten. Gedanklich lehnte man sich dabei zunächst stark an die Konzepte von Peine-Salzgitter und von Ford an.

Als erstes entstand für die Metall-Grundausbildung (damals noch für die Maschinenschlosser, nunmehr für die Industriemechaniker / Fachrichtung Betriebstechnik) das Projekt »LOK/WAGGON« mit zugehörigem projektspezifischen Leittext. Für das zweite Ausbildungsjahr Metall übernahm man direkt die Hobbymaschine von P&S einschließlich aller Unterlagen.

Quelle: Deutsche Bundesbahn*

Im weiteren Verlauf der Entwicklungsarbeiten wurde es jedoch immer schwieriger, an dieser Variante der Leittexte festzuhalten. Einige Aspekte:

Als man versuchte Leittexte für die Elektroberufe (bei der Bahn werden Energieelektroniker / Anlagentechnik und Kommunikationselektroniker / Informationstechnik ausgebildet), konnte man sich nicht auf ein bestimmtes, für alle Werkstätten verbindliches Projekt einigen. Einige Werkstätten wollten an vertrauten Aufgabenstellungen festhalten, die andere wiederum nicht übernehmen wollten. Manchmal machten unterschiedliche Ausstattung oder sonstige örtlichen Besonderheiten den Versuch zunichte, ein gemeinsames Projekt zu finden.

In den Diskussionen um die Frage der Projektvorgabe schälte sich immer mehr die Auffassung heraus, daß es gar nicht unbedingt wünschenswert sei, einheitliche Aufgabenstellungen vorzugeben. Es setzte sich die Vorstellung durch, Leittexte so zu schreiben, daß damit unterschiedliche, für den jeweiligen Ausbildungsabschnitt typische Aufgabenstellungen bearbeitet werden können.

Das Grundmuster dieser Leittexte sollte für alle Ausbildungsjahre und Berufe einheitlich sein, um den Ausbildern und den Auszubildenden die Orientierung in den Unterlagen zu erleichtern.

Die Bundesbahn ist jetzt dabei, für die Bau-, Metall- und die Elektroberufe die Leittexte nach diesem einheitlichen Strickmuster auszugestalten. Die folgende Beschreibung bezieht sich auf dieses aktuelle Konzept und gilt insofern nicht für eine Reihe von älteren Leittexten, die im Moment noch im Einsatz sind, sich allerdings gleichzeitig schon in der Überarbeitung befinden.

* Anm. Die Fotos zur Ausbildung bei der Deutschen Bundesbahn wurden freundlicherweise von Herrn Weihe, Deutsche Bundesbahn, zur Verfügung gestellt.

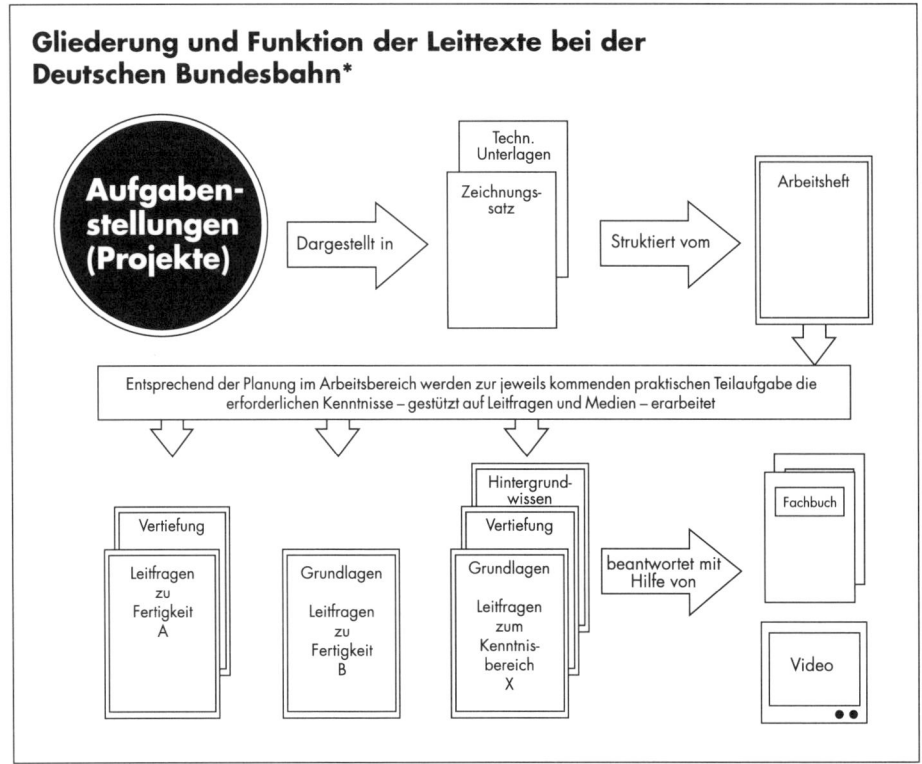

Die neuen Leittexte bestehen aus zwei Teilen:
– einem Arbeitsheft, das sich auf die jeweilige Aufgabe bezieht,
– aus einer Leitfragensammlung, die jeweils bestimmte Themenkomplexe / Teilqualifikationen erschließt (s. dazu auch S. 96 f.).

Zu jedem wählbaren Projekt wird ein zugehöriges Arbeitsheft benötigt. Darin wird das Projekt vorgestellt und es wird erläutert, wie die weitere theoretische und praktische Arbeit erfolgen soll.
Das Arbeitsheft leitet zur Planung der weiteren Lern- und Arbeitsschritte an. In der Regel soll der Auszubildende selbst einen Vorschlag ausarbeiten, in welcher Reihenfolge er die praktischen Teilarbeiten erledigen will (Grobplanung). Bei dieser Planung ist auch festzulegen, zu welcher praktischen Teilarbeit welche Leitfragenkomplexe bearbeitet werden sollen.

* Auszüge aus einem Beispiel finden Sie im Anhang I, S. 101 f.

Zum Arbeitsheft gehören außerdem Planungsvordrucke. Für jede Teilaufgabe muß der Auszubildende hier seinen Vorschlag für die Reihenfolge der Arbeitsschritte eintragen. Jedem Arbeitsschritt sind die erforderlichen Werkzeuge, Hilfsmittel usw. zuzuordnen. Außerdem sind die zu beachtenden Arbeits- und Sicherheitsregeln aufzuführen.

Für jeweils eine Musteraufgabe pro Ausbildungsabschnitt wird ein entsprechendes Arbeitsheft mit allen erforderlichen technischen Unterlagen vom zuständigen Bundesbahn-Sozialamt bereitgestellt. Soll in einer Werkstatt ein anderes Projekt bearbeitet werden, so müssen dort die Ausbilder selbst das Arbeitsheft abändern oder ein neues erstellen.
Neben dem *projektspezifischen Arbeitsheft* sind die *projektvariablen Leitfragensammlungen* der zweite und bei weitem umfangreichere Teil des Leittextes.
Die Leitfragensammlungen beziehen sich auf die berufstypischen Fertigkeiten / Teilqualifikationen. Durch entsprechende Fragestellungen wird der Auszubildende angeleitet, die für die Ausführung der Arbeiten erforderlichen praxisnahen Kenntnisse aus den bereitstehenden Medien zu erarbeiten.
Die Leitfragensammlungen sind so abgefaßt, daß sie auch bei Wahl einer anderen praktischen Aufgabenstellung, sei es ein Lernprojekt oder ein betrieblicher Auftrag, unverändert genutzt werden können.

Die Bahnkonzeption hat sehr viel Ähnlichkeit mit der von Telekom. Unterschiede sind lediglich in der Untergliederung der Leitfragen zu sehen. Während bei der Bahn viele, eher kurze Leitfragenkomplexe verwendet werden, hat die Post bis jetzt noch eine begrenzte Anzahl meist sehr umfangreicher Leitfragen. Es zeichnet sich aber ab, daß die weiteren Überarbeitungen in beiden Unternehmungen hier noch zu einer Annäherung führen werden. Möglicherweise entstehen hier doch Elemente eines universell einsetzbaren Leittextes.

Leittexte leiten zum systematischen Planen an

Arbeitsheft zum Projekt Diesellok / Waggon	**Informieren / Planen**	Blatt 19
S.f.A.		.....Bl.

Planung des Lern- und Arbeitsablaufes

Benennung: *U-Stahl/Abdeckung 1. Stufe*

Teilenummer: *1*

Material: *U-Stahl 50x38x130 St37-2*

dazugehörige Lernstufen:	bearbeitet	besprochen
Zeichnungslesen (Grundlagen)		
Anreißen / Körnen (Grundlagen)		
Feilen (Grundlagen)		

Arbeitsschrittfolge für di...

Maß 34 anreißen

auf Maß 34 feilen

äußere Stegflächen feilen

Maß 32 anreißen

auf Maß 32 feilen

1. breite Flanschfläche feilen

2. breite Flanschfläche feilen

1. Stirnfläche eben und winklig feilen

2. Stirnfläche feilen

Arbeitsheft zum Projekt Diesellok / Waggon	**Informieren / Planen**	Blatt 20
S.f.A.		.....Bl.

Weitergehende Planung und Vorbereitung

Die folgenden Fragen sollten Sie sich selbst immer stellen und auch beantworten. Ob Sie Ihre Überlegungen auch schriftlich niederlegen sollen und wie ausführlich das im Einzelfall geschehen soll, sprechen Sie bitte mit Ihrem Ausbilder ab.

Zeitschätzung
Wieviel Zeit werden Sie voraussichtlich für die Ausführung der praktischen Arbeit benötigen?
Geschätzt: tatsächlich benötigt:

Material- und Werkzeugbereitstellung
Welche (besonderen) Materialien und Werkzeuge werden für die anstehende Arbeit benötigt? Sind Absprachen hinsichtlich der Benutzung von Maschinen erforderlich?

Arbeitssicherheit
Welche (besonderen) Verletzungsgefahren sind bei dieser Arbeit gegeben und welche Sicherheitsregeln sind insbesondere zu beachten?

Energieeinsparung / Umweltschutz
Welche Regeln sind zu beachten, um den Energieverbrauch zu vermindern und die Umwelt nicht unnötig zu belasten?

> **Besprechen Sie jetzt die Ergebnisse Ihrer Ausarbeitung und verbliebene offene Fragen mit Ihrem Ausbilder!**

Quelle: Deutsche Bundesbahn

Auszüge aus einem Interview mit Herrn Helmut Polzer, Dezernent im Bundesbahn-Sozialamt und Projektleiter für den Modellversuch »Selbständigkeit-fördernde Ausbildung«

Welches waren die ausschlaggebenden Gründe, bei Ihnen in der Ausbildung Leittexte einzusetzen?

Herr Polzer: Technologische Entwicklungen, wie z.B. hochtechnisierte Lokomotiven und Reisezugwagen oder elektronische Stellwerkstechniken, die damit unweigerlich auch weiterhin verknüpften Kontrolltätigkeiten sowie qualifiziert zu leistenden Reparatur- und Instandhaltungsarbeiten, aber auch die Fahrtätigkeit im Bahnbetrieb, erfordern selbständig handelnde, verantwortungsbewußte, kooperationsfähige und lernbereite Mitarbeiter. Die Qualität dieser Leistungen muß unter den kritischen Augen zunehmend anspruchsvollerer Kunden von unseren Mitarbeitern sichergestellt werden.

Welches sind aus Ihrer Sicht die wichtigsten Ergebnisse?

Herr Polzer: Eine allen Gütekriterien entsprechende Evaluation im Funktionsfeld wurde nicht geleistet, der Aufwand schien uns zu groß. In vielen Gespächen mit Vorgesetzten und Kollegen über die mit dieser Methode ausgebildeten Mitarbeiter wird uns aber immer wieder bestätigt, daß diese jungen Mitarbeiter selbständiger und selbstbewußter sind.

Die Ergebnisse der Facharbeiterprüfungen, die sich auch bisher schon sehen lassen konnten, haben sich leicht verbessert. Entscheidende positive Veränderungen zeigen sich bei der Methoden- und Sozialkompetenz, wie eine Vergleichsgruppenuntersuchung ergab.

Unabhängig von allen statistischen Daten sind die Erfahrungen der Ausbilder ein wichtiger Maßstab. Diese sahen der selbständigen Arbeit mit Leittexten sehr skeptisch entgegen. Die Skepsis hat sich in Zustimmung bis Begeisterung gewandelt. Die Ausbilder stellen eine deutlich höhere Lernmotivation bei den Auszubildenden fest. Der Schwierigkeitsgrad der Leittexte ist nach mehrmaliger Überarbeitung nunmehr so bemessen, daß alle Auszubildenden gut mit Ihnen arbeiten können. Die von den Ausbildern beobachtete Unterstützung lernschwächerer durch lernstärkere Auszubildende festigt Kollegialität und Sozialkompetenz. Die Ausbilder bestätigen eine stärkere Entlastung von ehemaligen Routinearbeiten, so daß sie sich stärker der individuellen Förderung einzelner Auszubildender widmen können.

Wo haben sich zwischen ursprünglicher und aktueller Konzeption Veränderungen ergeben?

Herr Polzer: Für die ersten Auszubildenden stellte die Bearbeitung von Lok und Waggon eine durch Neuheit herausfordernde Situation dar. Die nachfolgenden Auszubildendenjahrgänge betreten kein Neuland mehr, sie beschreiten, wenn ich das so formulieren darf, ausgetretene Pfade. Wir befürchten, daß dies die Motivation beeinträchtigt. Aus diesem Grund überarbeiten wir die Konzeption und entwickeln projektvariable Leittexte. So wird der Entscheidungsspielraum von Ausbildern und Auszubildenden erweitert.

Welche Tips würden Sie einem Ausbildungsverantwortlichen geben, der die Leittext-Methode einführen will?
Herr Polzer: Die umfassende Information aller an der Ausbildung Beteiligten inklusive der Betriebsleitungen und des Betriebs- bzw. Personalrates sollte unbedingt sichergestellt werden, um ein allgemeines Einverständnis über die Zielsetzung zu erreichen.
Vor der Einführung ist zu überlegen, ob man auf extern vorhandene Leittexte zurückgreifen kann oder ob eigene Leittexte zu entwickeln sind. Die Entwicklung eigener Leittexte ist zwar arbeitsintensiv, hat aber den Vorteil, daß sich die betroffenen Ausbilder im didaktischen und methodischen Bereich qualifizieren. Eigene Leittexte werden auch eher akzeptiert. Die Bundesbahn hat beide Möglichkeiten genutzt. Die meisten Leittexte wurden selbst entwickelt, einige von anderen Unternehmen übernommen und gegebenenfalls modifiziert. Die Entscheidung zwischen Übernahme und eigener Ausarbeitung wird nicht zuletzt von den personellen Ressourcen beeinflußt.
Weiterhin sollen Ausbildungsverantwortliche ein Qualifizierungskonzept für Ausbilder und Ausbildungsmeister entwickeln. Als sehr effektiv hat sich unser schrittweises Vorgehen mit Informationsveranstaltungen, Schnupperbesuchen, Hospitationen und pädagogischen Seminaren erwiesen. Durch diese Maßnahmen werden die Ausbilder an die Leittext-Methode herangeführt, Interesse wird geweckt und Vorbehalte sowie Ängste werden abgebaut. Während der Hospitation können sich die Ausbilder intensiv mit der alltäglichen Praxis vertraut machen. Die Pädagogischen Seminare fassen die Vorbereitungsmaßnahmen zusammen und runden diese ab.

Weitere Leittext-orientierte Ausbildungskonzepte in der industriellen Metall- und Elektroausbildung

Vorbemerkung: Dem Autor fällt es nicht leicht, eine gut begründete Auswahl der vorzustellenden Konzepte zu treffen. Die Darstellung wird nicht allen, die diese Entwicklung getragen haben und noch weiter vorantreiben, gerecht. Die bisher ausführlichen Darstellungen waren möglich, weil der Autor von den angeführten

Konzepten persönliche Kenntnisse hat. Insofern besteht kein Anspruch auf objektive und vollständige Darstellung.

Die folgenden Ausführungen können nur Hinweise auf andere Ausbildungskonzepte sein, die sich ebenfalls am Leittext-gestützten Lernen orientieren. (Die Kürze der Ausführungen sagt nichts über Qualität und Stellenwert der Konzepte aus.)

Leittext-gestütztes Lernen hat verschiedene Ausprägungen

IFAS
Integrierte Vermittlung von Fach- und Schlüsselqualif durch Leittexte in der Berufsausbildung

Zentralbereich Aus- und F

MANNESMANN

Mit mehr
Methodenkompetenz
zur Bewältigung des
Technologiewandels
zu zukunftsorientierten
Berufsqualifikationen

izb Informationen zur Berufsbildung

Quelle: ABB Management Services GmbH   Quelle: Mannesmann Röhrenwerke

PETRA – Das Ausbildungskonzept der Siemens AG

PETRA steht für »Projekt- und transferorientierte Ausbildung«. Wie dieser Titel schon zeigt, geht es auch bei Siemens um die Förderung der Schlüsselqualifikationen, wobei die Projekte zentrale Vehikel zur Förderung dieser Fähigkeiten sind.

Zwei Dinge sind mir bei diesem Konzept ins Auge gefallen:

1. Die Schlüsselqualifikationen wurden bei Siemens sehr detailliert aufgelistet und gegliedert (während dieser Begriff sonst meist etwas Nebulöses hat). Damit wurde eine wichtige Voraussetzung geschaffen, die entsprechenden Fähigkeiten gezielt zu fördern.
2. Die Unterlagen, die als Strukturierungselemente durch die Auszubildenden eingesetzt werden – bei Siemens heißen sie »Leitfragen / Leithinweise«, »Arbeitsplanung«, »Aufgabenverteilung« und »Bewertungsbogen« – sind auf insgesamt sechs DIN-A4-Blättern untergebracht. Diese Blätter sind universell einsetzbar, allerdings sehr allgemein gehalten. Fraglich erscheint, ob diese Hinweise für alle Auszubildenden gerade auch zu Beginn einer Ausbildung genug Halt bieten.

Bei der Beschäftigung mit dem Siemens-Konzept ist zu beachten, daß der Begriff »Leittext« anders verwendet wird als bei den oben ausführlich beschriebenen Beispielen. Die Definition von Siemens lautet:
»Unter der Bezeichnung Leittext werden alle visuellen, auditiven und audio-visuellen Informationsquellen für den Lernenden verstanden, die seinen Lernprozeß unterstützen. (...)

Die wesentlichen Leittexte bei der projekt- und transferorientierten Ausbildung sind:
– Lehrbücher, Fachbücher,
– Lexika, Tabellen,
– Programmierte Unterweisungen,
– Bedienungsanleitungen, Fabrikationsvorschriften,
– Serviceunterlagen,
– Tonbildschauen, Videofilme,
– Technische Zeichnungen,
– Übungsanleitungen, Versuchbeschreibungen.« (Boretty, R. u.a. 1990)

Im Sinne der bisherigen Terminologie dieses Buches wären dies »Medien«. (Dieser Hinweis soll keine Terminologie-Diskussion auslösen, sondern nur Mißverständnissen vorbeugen.)

Interview mit Herrn Rudolf Fink, Fachreferent für gewerbliche Aus- und Weiterbildung, Siemens AG München

Welches waren die ausschlaggebenden Gründe für die Siemens AG, das Ausbildungskonzept PETRA zu entwickeln?
Herr Fink: Ausschlaggebend waren Forderungen von Praktikern, Montage-/Wartungsleitern sowie Meistern, in die berufliche Ausbildung die Förderung von berufsübergreifenden Fähigkeiten (Schlüsselqualifikationen) zu integrieren. Parallel dazu werden in den neugeordneten industriellen Metall- und Elektroberufen Qualifikationen gefordert, die zu einer beruflichen Handlungskompetenz führen.

Wo haben sich zwischen ursprünglicher und aktueller Konzeption Veränderungen ergeben?
Herr Fink: Das Ausbildungskonzept PETRA ist ein Rahmenkonzept, das nicht verändert werden braucht. Da es sich um ein offenes Konzept handelt, ergeben sich verschiedene Variationen bei der Umsetzung.

Hat sich der Aufwand für die Ausarbeitung und Einführung der Konzeption überhaupt gelohnt?
Herr Fink: Die Einführung des Konzeptes hat sich auf alle Fälle gelohnt. Die integrierte Förderung berufsübergreifender Fähigkeiten in der Ausbildung ist unser Ziel, denn die Arbeitsorganisation in den Betrieben und in den Montagebereichen verlangt diese Qualifikationen.

Welche Tips würden Sie einem Ausbildungsverantwortlichen mit auf den Weg geben, wenn er selbst beginnen will, mit entsprechenden Ausbildungskonzepten zu arbeiten?
Herr Fink: Ein Ausbildungskonzept sollte so gestaltet sein, daß berufsübergreifende Fähigkeiten integriert mit den technischen Inhalten gefördert werden können. Es sollte ein offenes Konzept sein, das eine Methodenvielfalt enthält.

Konzepte, die PETRA ähneln

Zu den Konzepten, die eine gewisse Anlehnung an Petra erkennen lassen, gehören:

ABB – Asea Brown Boveri: IFAS, Integrierte Vermittlung von Fach- und Schlüsselqualifikationen durch Leittexte in der Berufsausbildung;

AEG – Allgemeine Elektricitäts-Gesellschaft: Integrative Ausbildungskonzeption;

KHD – Klöckner-Humboldt-Deutz Agrartechnik GmbH: Proga, Projektorientierte Grundausbildung;

Mannesmann Röhrenwerke.

Ausschnitte aus einem Interview mit Herrn Schmitz, ABB Management Services GmbH, Aus- und Fortbildung

Welches waren die ausschlaggebenden Gründe, bei Ihnen in der Ausbildung Leittexte einzusetzen?
Herr Schmitz: Veränderungen in der Arbeitswelt stellen veränderte Anforderungen an die Beschäftigten. Neue Techniken und andere Organisationsformen der Arbeit bedingen eine größere Verantwortungsbereitschaft und Selbständigkeit. Der verstärkte Einsatz von Arbeitsgruppen, die teilweise auch fachübergreifend agieren, stellt höhere Anforderungen an die Teamfähigkeit und Kommunikationsfähigkeit der Mitarbeiter. Neben die fachlichen Anforderungen treten in verstärktem Maße die Schlüsselqualifikationen. Die Ausbildung muß diesen Veränderungen Rechnung tragen. In den Ausbildungsordnungen der industriellen Elektro- und Metallberufe, die 1987 erlassen wurden, wurden die neuen Anforderungen erstmals festgeschrieben. Wir von ABB haben uns mit der Frage neuer Methoden eingehend beschäftigt und unser eigenes Ausbildungssystem »IFAS – Integrierte Vermittlung von Fach- und Schlüsselqualifikationen« entwickelt.

Welches sind für Sie wichtige Ergebnisse/Erfahrungen im Zusammenhang mit der Nutzung von Leittexten?
Herr Schmitz: Die wichtigste Erfahrung ist die, daß die Auszubildenden durchweg positiv auf die neue Methode reagiert haben. Sie wissen die größeren Freiheiten, aber auch die größere Verantwortung, die sie für ihr Lernen haben, zu schätzen. Auch die Ausbilder haben die neue Methode akzeptiert, wenngleich einigen die notwendige Umstellung auf eine neue Rolle schwergefallen ist. Wichtig ist daher eine eingehende Schulung der Ausbilder zu diesem Thema. Wichtig ist außerdem, deutlich zu machen, daß eine neue Methode nicht unbedingt »die« neue Methode sein muß. Es wäre sicherlich falsch, alle erprobten herkömmlichen Methoden über Bord zu werfen. Leittext-Methoden können lediglich zur Erweiterung des vorhandenen Methodenrepertoires dienen.

Wo haben sich zwischen ursprünglicher und aktueller Konzeption Veränderungen ergeben?
Herr Schmitz: Bei der Entwicklung unserer IFAS-Methode haben wir die Ausbilder von vornherein mit einbezogen. Entwicklung und Erprobung gingen Hand in Hand vor sich. Außerdem haben wir uns eingehend mit der Methode PETRA befaßt und Teile dieser bereits erprobten Konzeption übernommen. Die nachträglichen Änderungen an unserem so entstandenen Konzept waren minimal und betrafen im wesentlichen die Gestaltung und redaktionelle Überarbeitung der verwendeten Unterlagen.

Hat sich der große Aufwand für die Einführung der Konzeption überhaupt gelohnt?
Herr Schmitz: Da wir an über 30 Standorten in fast 40 Berufen ausbilden, wäre für uns die Erstellung berufsspezifischer Leittexte von vornherein nicht möglich gewesen. Unsere Konzeption sieht daher allgemeine Leittexte vor, die universell für verschiedene Berufe und Aufgabenstellungen angewendet werden können. Der Aufwand für die Erstellung von Leittexten war also nicht hoch. Größerer Aufwand entstand für die Schulung der Ausbilder. Bei zwei je dreitägigen Seminaren für jeden hauptamtlichen Ausbilder wurden neben der neuen Ausbildungsphilosophie eingehende Kenntnisse in Gruppendynamik und Gesprächsführung vermittelt. Praktische Übungen und eigenes Erleben halfen, diese Kenntnisse zu vertiefen. Aus den Erkenntnissen dieser Seminare entstand ein Ausbilderhandbuch. Aus heutiger Sicht hat sich der Aufwand mit Sicherheit gelohnt.

Die Übertragung der »Leittext-Methode« über die Grenzen der industriellen, technischen Berufe hinaus

Alle bisher vorgestellten Beispiele beziehen sich auf die industrielle Ausbildung, d.h. auf Ausbildung von mehreren Auszubildenden durch hauptamtliche Ausbilder, meist in besonderen Ausbildungswerkstätten. Außerdem ging es bisher immer um technische / gewerbliche Berufe.
Obwohl sich das Leittext-gestützte Lernen gerade in diesem Bereich entwickelt hat, ist es doch nicht darauf begrenzt geblieben. Inzwischen werden Leittexte bei den unterschiedlichsten Berufen und auch außerhalb der Industrie eingesetzt. Leittexte sind sogar in die berufliche Weiterbildung vorgedrungen.

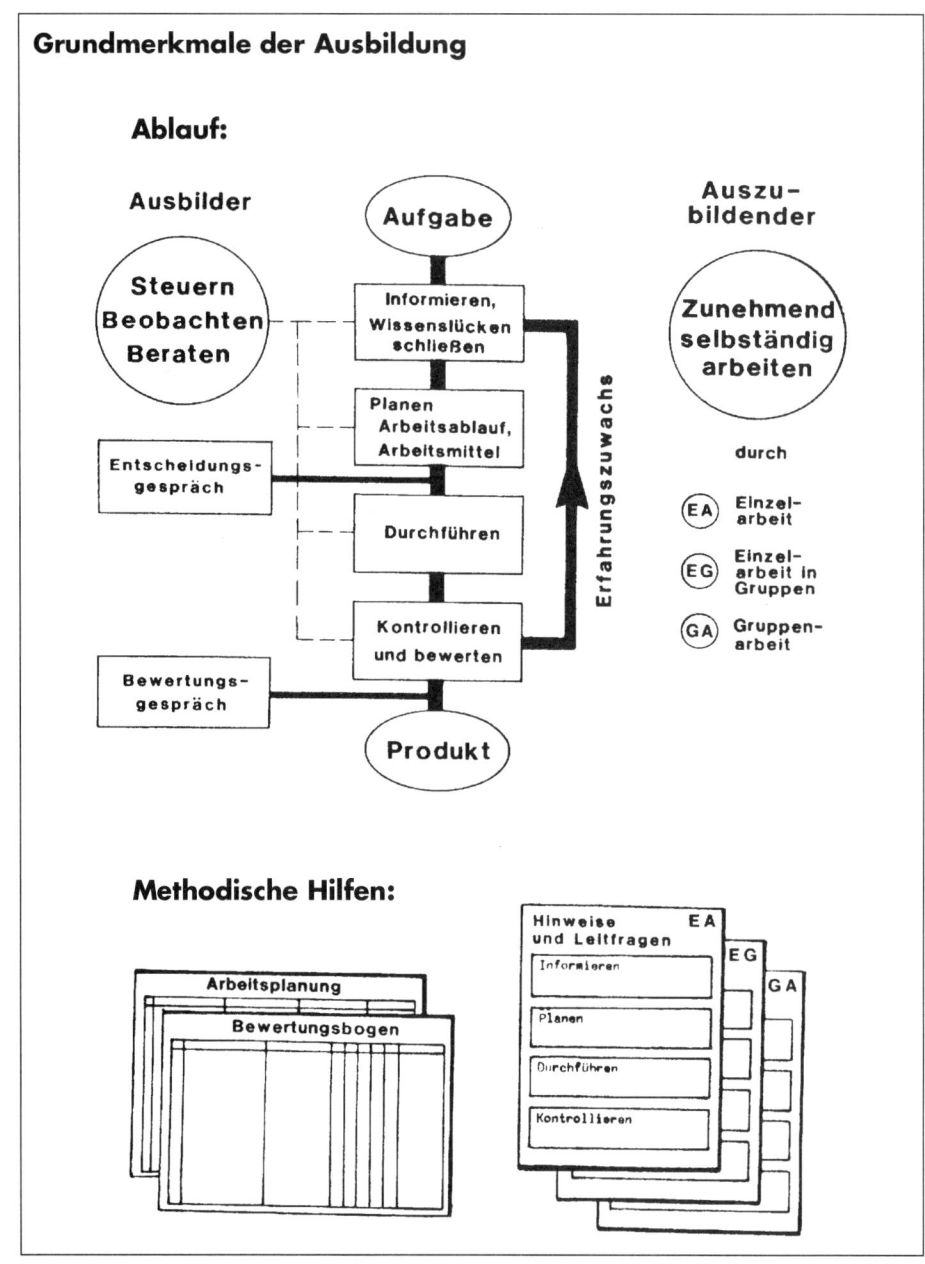

Quelle: ABB Management Services GmbH

Die Weiterentwicklung der »Leittext-Methode« über die Grenzen der industriellen, technischen Berufe hinaus soll hier an einem Beispiel aus dem Bereich der kaufmännischen Ausbildung vorgestellt werden:

Leittexte und Lernstudio bei den Stahlwerken Peine & Salzgitter

Bei der Übertragung des Leittext-gestützten Lernens auf die kaufmännische Ausbildung mußten vor allem drei Schwierigkeiten bewältigt werden.

1. In der kaufmännischen Ausbildung fehlen die greifbaren Projekte, die Aufgabenstellungen sind weitaus abstrakter.
2. Die Ausbildung findet zu einem großen Teil als eine Art Beistellehre in den betrieblichen Abteilungen statt.
3. Die Trennung in Theorie = Berufsschule und Praxis = Betrieb geht bei den Kaufleuten noch weniger auf als bei den Gewerblichen.

Mit der Einführung der Leittexte wurden folgende Ziele angestrebt:
– Die Ausbildung in den betrieblichen Abteilungen galt es zu intensivieren. Die Auszubildenden waren stärker zu befähigen, die Möglichkeiten der Abteilung selbständig zu nutzen. Die Leittexte sollten darüber hinaus die zuständigen Sachbearbeiter bei ihrer Ausbildungstätigkeit unterstützen.
– Theorie und Praxis sollten enger miteinander verzahnt werden, wobei insbesondere die übergreifenden kaufmännischen Zusammenhänge deutlicher hervortreten sollten.
– Die Abstimmung der drei beteiligten Lernorte (Berufsschule, Betriebliche Abteilung und Lernstudio) war zu verbessern.

Zunächst einige Anmerkungen zum Lernstudio. Das Lernstudio löste bei P&S den herkömmlichen Zusatzunterricht ab. Im Lernstudio werden die Betriebseinsätze vor- und nachbereitet. Außerdem bietet das Studio die Möglichkeit, grundlegende kaufmännische Arbeitstechniken und den Umgang mit neuen Bürotechnologien zu erlernen. Auch können hier Arbeitsabläufe, die im Betrieb auf viele Abteilungen verteilt und deshalb schwer zu überschauen sind, im Zusammenhang dargestellt werden. (Dennoch ist das Lernstudio keine Übungsfirma!)
Sowohl das Lernen im Lernstudio als auch in den betrieblichen Abteilungen erfolgt nunmehr Leittext-gestützt.
Die Unterlagen für die betrieblichen Abteilungen stellen vor allem ein Instrument zur systematischen Erkundung dar. Man spricht deshalb auch von Erkundungs- *Leittexte zur Betriebserkundung.*

83

Gliederung der Leittexte in der kaufmännischen Ausbildung bei den Stahlwerken Peine & Salzgitter

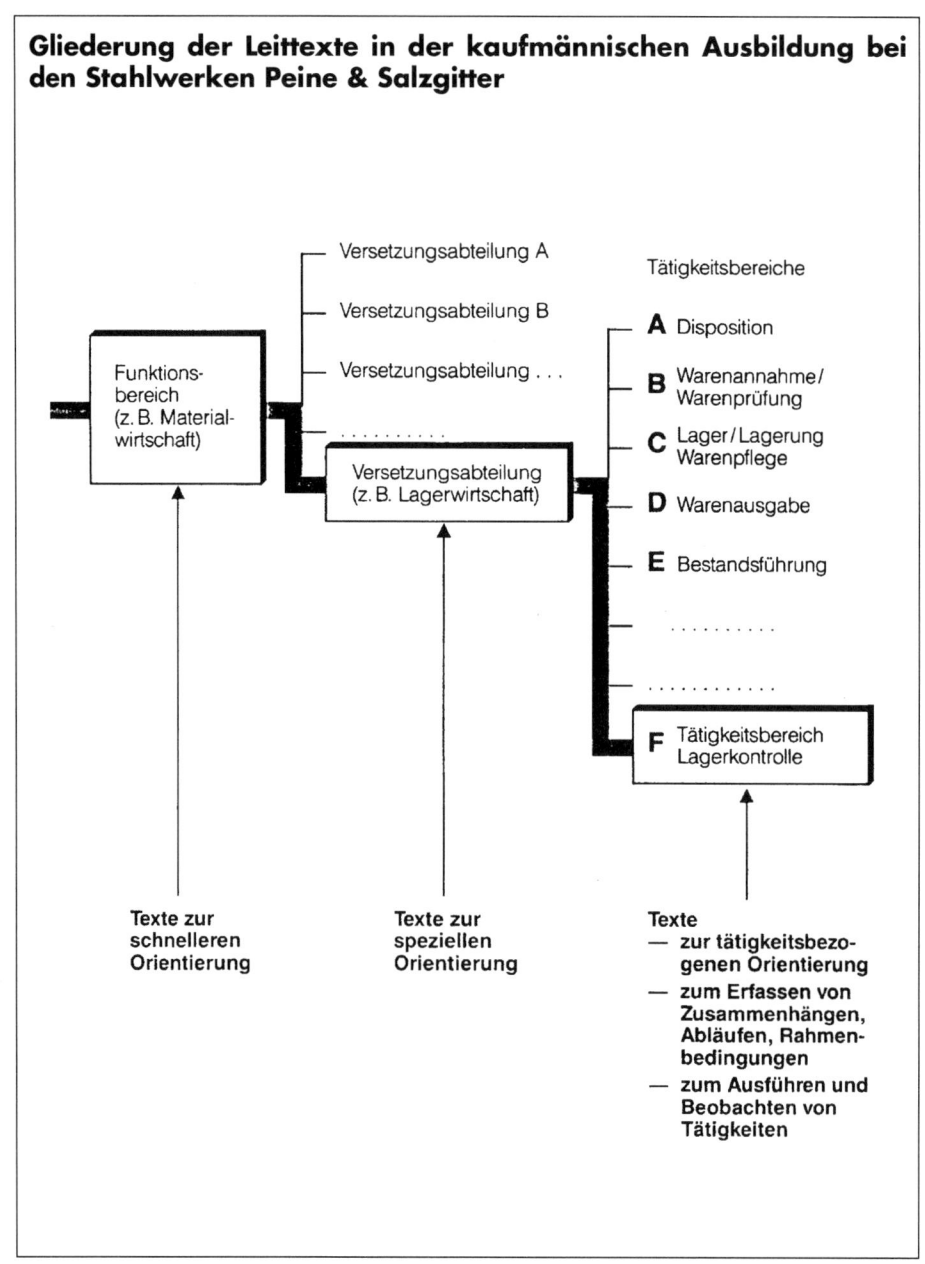

Quelle: Abdruck mit freundlicher Genehmigung des IFA-Instituts

leittexten. Die Leittexte sind nach Unternehmensbereichen, Versetzungsabteilungen und Tätigkeitsbereichen untergliedert (siehe Abb. S. 84).

Die Leittexte für die Funktionsbereiche helfen dem Auszubildenden die Rolle des Bereichs innerhalb des Gesamtunternehmens zu überblicken.

Für die Versetzungsabteilungen informieren die Leittexte über die Struktur und die Aufgaben der Abteilung. Der Leittext verdeutlicht die Kooperation mit und die Abgrenzung zu anderen Abteilungen.

Die tätigkeitsbezogenen Leittexte leiten die Ausführung ganz spezifischer Tätigkeiten an. Besonderer Wert wird dabei auf die dazugehörigen Entscheidungsprozesse gelegt.

Vergleicht man diese Leittexte mit denen aus dem gewerblichen Bereich, so fällt ins Auge, daß diese Erkundungsleittexte neben den Leitfragen vergleichsweise viele Informationen enthalten. Das liegt vor allem daran, daß die erforderlichen Informationen nicht in einer für die Ausbildung geeigneten Form dokumentiert sind.

Inzwischen setzen mehr und mehr Betriebe Leittexte in den unterschiedlichsten Ausbildungsbereichen ein. Es würde den Rahmen dieser Veröffentlichung sprengen, das ganze Spektrum aufzuzeigen. Das Bundesinstitut für Berufsbildung in Berlin ist zur Zeit dabei, eine Leittext-Datenbank aufzubauen. Im Rahmen dieser Datenbank (Mailbox) »BIBB-Mail« macht das BIBB seit März 1992 Informationen über Leittexte allgemein zugänglich.

Aktuelle Informationen über Leittexte per BIBB-Mail.

Näheres zur Erreichbarkeit dieser Daten über das öffentliche Fernmeldenetz, Ihren Personal-Computer und ein passendes Modem erfahren Sie bei:
Herrn R. Selka
Bundesinstitut für Berufsbildung
Fehrbellinerplatz 3
W-1000 Berlin 31
Telefon (030) 8683 300
Telefax (030) 8683 455

Welche Erfahrungen wurden bisher gemacht?

Für die Beantwortung dieser Frage müssen zwei große Bereiche unterschieden werden. Zum einem wird von Erfahrungen berichtet, die sich auf *die Ausbildung im engeren Sinne* bezieht. Also: Wie sind Ausbilder und Auszubildende im Ausbildungsalltag mit den Leittexten zurechtgekommen, wie war der Ausbildungserfolg.

Es gibt aber auch einen zweiten, nicht minder wichtigen Erfahrungsbereich: das *Funktionieren der Organisationseinheit*, die für die Ausbildung verantwortlich ist. Dazu gehören dann z.B. folgende Fragen:
– Wie hat sich die Zusammenarbeit der Ausbilder untereinander verändert?
– Wie hat die Erstellung der Leittexte geklappt?
– In welche Richtung haben sich die Ausbilder weiterentwickelt?

Doch zunächst zum ersten Komplex:
Alles in allem verbessert das Leittext-gestützte Lernen die Erreichung der Lernziele, sowohl im Bereich der Fach-, als auch der Methoden- und Sozialkompetenz. Im Moment gibt es keine Alternative zu dieser Lernform, wenn es um die Vermittlung einer umfassenden beruflichen Handlungskompetenz für Auszubildendengruppen und längere Ausbildungsabschnitte geht.

Einige Anmerkungen von Herrn Fischer, Daimler Benz, Gaggenau, zu den Voraussetzungen für einen erfolgreichen Einsatz der Leittext-Methode:

Beginnen Sie nur mit der Leittext-Methode, wenn Sie als Ausbildungsleiter auch bereit sind, die Führungsbeziehung zu ihren Ausbildern ähnlich zu gestalten, wie sich strukturell das Dreieck
  Auszubildender – Leittext (Ausbilder) – Inhalt
darstellt. Wenn Sie kein Leitbild von Ausbildung haben, das eine emanzipatorische Position der Geführten (Lernenden) beinhaltet, wird das symbolische Trägermedium Leittext soviel Wirkung hinterlassen, wie die Illustrierte der Woche, die Sie lesen und vergessen.

Eine strukturelle Symmetrie der beiden Ebenen
  Auszubildender – Leittext – Lerninhalt
  Ausbilder (Mitarbeiter) – Leitbild – Aufgabe der Ausbildung
macht erfaßbar, was Lern- und Arbeitskultur bedeutet. Unter dieser Perspektive ist die Leitext-Methode ein Weg der personalen Entkopplung und somit ein Schritt zur Entwicklung von Selbstbestimmung im Arbeitsleben.

Soweit das positive Gesamturteil, das jedoch nicht ohne einige kritische Hinweise stehen bleiben kann.

1. Die beteiligten Ausbilder handhaben die Konzepte nicht immer ganz so, wie sie ursprünglich konzipiert wurden. Teils dienen diese Abweichungen dem Ausbildungserfolg, teils schaden sie ihm. Positiv wirkt es sich aus, wenn die Ausbilder mit Engagement über Schwächen hinweghelfen. Solche Schwächen stecken teilweise in den Leittexten (unglückliche Frageformulierung, zu großer Umfang, Unklarheiten bezüglich der Handhabung,...), teilweise in den Medien (unverständliche Darstellung, Informationslücken,...). Engpässe ergeben sich manchmal aus Zeitknappheit oder fehlenden Hilfsmitteln. Dann ist der Ausbilder mit seiner Improvisationskunst voll und ganz gefordert.
Negativ wirkt es sich aus, wenn der Ausbilder seine Freiheitsgrade mißbraucht. Er beobachtet die Gruppe nicht ausreichend, er kümmert sich zu wenig um das Durchsprechen der ausgearbeiteten Leittexte, er gibt zuwenig Anerkennung, er unterstützt die Schwachen nicht ausreichend. Dann schleicht sich ganz schnell ein gewisser Schlendrian ein. Diesen zu überwinden, ist dann meist sehr schwer.

Angemessene Prinzipientreue und Flexibilität sind im Ausbildungsalltag schwer zu realisieren.

2. Den Auszubildenden fällt es schwer, sich Informationen aus Büchern zu erarbeiten. In der Regel sind die Auszubildenden es nicht gewohnt, sich in ein neues Thema anhand schriftlicher Unterlagen zu erschließen. Sie tun sich schwer, das Gelesene in eine eigene Vorstellung umzusetzen. Es hat wenig Sinn, als Ausbilder über mögliche Defizite der allgemeinbildenden Schulen zu klagen. Vielmehr kommt es darauf an, geduldig mit den Auszubildenden an der Überwindung dieses Defizits zu arbeiten. Die Fähigkeit, mit schriftlichen Unterlagen umgehen zu können, ist ein wichtiges Lernziel!
Bei Problemen der Auszubildenden mit schriftlichen Unterlagen muß man auch immer einen kritischen Blick auf die Unterlagen selbst werfen. In vielen Fällen werden Berufsschulbücher verwendet. Diese sind aber ursprünglich nicht für die Selbsterarbeitung, sondern als unterrichtsbegleitende Unterlage konzipiert. Es ist für die Ausbilder manchmal eine sowohl heilsame wie gleichzeitig erschütternde Erfahrung, wenn sie selbst versuchen, sich ein ihnen neues Gebiet aus einem Berufsschulbuch zu erarbeiten. Das ist meist sehr schwer. Berufsschulbücher versteht man – wie Gebrauchsanleitungen auch – häufig erst dann, wenn man sich mit der Angelegenheit schon auskennt. (Erfreulicherweise gibt es inzwischen auch bei den Berufsschulbüchern respektable Verbesserungen, was Anschaulichkeit und Verständlichkeit betrifft!)

Viele Auszubildende müssen sich erst an das selbständige Lernen, gestützt auf Medien, gewöhnen.

Für die Ausbildung folgt daraus zweierlei. Zum einen soll man sich hinsichtlich der bereitzustellenden Medien einige Mühe bei der Auswahl machen, es
gibt für das selbständige Lernen mehr oder weniger geeignete Unterlagen.
Zum anderen muß man den Auszubildenden zugestehen, daß es in der Anfangsphase zusätzliche Zeit kostet, bis sie mit dem Selbstlernen zurecht kommen.

Manche Ausbilder möchten ihrer Gruppe gerne selbsterstellte Unterlagen aus-
händigen. Wenn es diese Unterlagen schon gibt, ist dagegen nichts einzuwen-
den. Wenn sie extra erstellt werden müssen, rate ich ab. Der Aufwand ist groß
und die Auszubildenden sollen letztlich auch lernen, mit weniger günstigen
Unterlagen klar zu kommen. Was ihnen später noch an Datenblättern, Bedienungsanleitungen und Handbüchern über den Weg laufen wird, hat es meist
auch in sich. Ich empfehle nur dann mit extra erstellten Unterlagen zu arbeiten,
wenn die erforderlichen Informationen aus anderen Quellen nicht oder nur mit
unzumutbaren Schwierigkeiten zu erarbeiten sind. Die Ausbilder müssen entscheiden, wo die Zumutbarkeitsgrenze liegt. Und sicherlich wird man zu Beginn der Ausbildung den Lernenden eher mehr entgegenkommen.

Manchmal werden die Entscheidungsspielräume mißbraucht.

3. Die Auszubildenden mißbrauchen ihre Entscheidungsspielräume. Das Leittext-gestützte Lernen macht aus Auszubildenden keine Engel (Gott-sei-
Dank)! Wie bisher werden sie versuchen, Mühe zu vermeiden und – im Sinne
des ökonomischen Prinzips – ihren Erfolg mit dem geringsten Aufwand zu
erreichen. Dies spricht schließlich auch bloß für ihre Lebenstüchtigkeit. Da die
Auszubildenden »Erfolg« als Erledigung des Arbeitsauftrages, als Fertigstellung des Projektes definieren und nicht als Erreichung ihnen abstrakt erschei-
nender Lernziele, werden sie immer wieder versuchen, die Kenntniserarbeitung zu reduzieren und schwierige Arbeiten an die »Könner« in der Gruppe zu
übertragen. Schiebt der Ausbilder dieser Entwicklung keinen Riegel vor, so
werden als Ergebnis der Ausbildung erfolgreiche Bastler, aber keine Fachleute
entstehen.

Der Ausbilder muß in geeigneten Situationen den Auszubildenden erklären,
daß es schließlich nicht um das Projekt geht, sondern daß das Projekt nur ein
Mittel zum Zweck, ein Stellvertreter für spätere berufliche Anforderungen ist.
Der Appell an die Einsicht allein wird jedoch nicht genügen. Der Ausbilder
muß die Gruppe bei der theoretischen und bei der praktischen Arbeit beobachten. Gegenseitige Hilfe zur Selbsthilfe muß er fördern, wenn einzelne schwierige Aufgaben »delegieren«, muß er dies unterbinden. Beim Durchsprechen
der beantworteten Leitfragen muß er gezielt auch die Zurückhaltenden anspre-

chen und mit zusätzlichen Fragen sicherstellen, daß sich *alle* Auszubildenden wirklich gründlich mit dem Thema auseinandergesetzt haben.

Gerade dieser Zusammenhang sollte noch einmal deutlich machen, daß das Leittext-gestützte Lernen keine unpersönliche Angelegenheit ist. Es funktioniert nicht ohne Ausbilder! Deutlich wird damit auch, daß das Leittext-gestützte Lernen nur dann zum Erfolg führen wird, wenn die Ausbilder selbst mit dieser Konzeption arbeiten wollen. Diese Erfahrung hat weitgehende Auswirkungen auf die Art der Einführung des Leittext-gestützten Lernens und die damit zusammenhängende Vorbereitung der Ausbilder. (Siehe dazu auch die Ausführungen in den beiden letzten Kapiteln.)

4. Durch das Leittext-gestützte Lernen ergeben sich Veränderungen im Zeitbedarf. Es liegt auf der Hand, und wurde in den vorausgehenden Ausführungen auch schon angemerkt, daß die Auszubildenden zunächst einmal mehr Zeit brauchen, sich ein Thema selbst zu erarbeiten, als wenn es in Unterweisungs- bzw. Unterrichtsform vermittelt wird. Bei der im allgemeinen gegebenen Stoffülle bei gleichzeitiger Zeitknappheit ist das ein Problem. Dessen Bedeutung wird aber relativiert, wenn man folgendes bedenkt:

Das zusätzliche Erwerben von Schlüsselqualifikationen führt in der Anfangsphase zu erhöhtem Zeitaufwand.

Zum einen lernen die Auszubildenden *mehr* beim selbstregulierten Lernen, z.B. sich in schriftlichen Unterlagen zu orientieren. Das heißt, neben die Fachkompetenz tritt eben die Methodenkompetenz. Und diese zusätzlichen Lernziele rechtfertigen auch den zusätzlichen Zeitaufwand.

Zum zweiten konnte an vergleichbaren Gruppen, die mit unterschiedlichen Verfahren ausgebildet wurden, aufgezeigt werden, daß die selbstregulierten Gruppen zwar zunächst zeitlich zurückfielen, aber nach ca. einem halben Jahr wieder aufholten. Offensichtlich läßt sich nach anfänglichen Verzögerungen ein intensiveres und schnelleres Lernen realisieren. In diesem Sinne geht es also um eine Art Zeitinvestition zu Beginn der Ausbildung, die sich später bezahlt macht. Das setzt allerdings voraus, daß man diese Form des selbstregulierten Lernens über längere Zeiträume hinweg nutzt. Will man zunächst mit kürzeren Einheiten Erfahrungen sammeln, so muß man einen gewissen zusätzlichen Zeitaufwand mit einkalkulieren. Dieser läßt sich aber dann meist auch noch mit dem umfassenderen und intensiveren Lernen rechtfertigen.

Bei längerfristiger Arbeit mit der Methode wird die anfangs zusätzlich benötigte Zeit wieder aufgeholt.

5. Die einmalige Erarbeitung eines Themas anhand eines Leittextes löst allein noch nicht die »Vergessens-Problematik«. Obwohl die Mehrzahl der Ausbilder übereinstimmend berichten, daß die Auszubildenden tiefer in die Materie eindringen und die Gespräche auf höherem fachlichen Niveau verlaufen, müs-

Wiederholungen sind wichtig.

sen zusätzliche Maßnahmen ergriffen werden, um eine gewisse Wiederholung wichtiger Kenntnisbereiche sicherzustellen. Dies kann zum einen durch den Aufbau der Leittexte selbst gewährleistet werden, wenn bestimmte Themen wiederholt, gegebenenfalls in unterschiedlichen Verpackungen und Zusammenhängen, angeschnitten werden. In angemessenem Umfang haben aber auch Kenntnistests eine positive Wirkung, wenn bei der Auswertung der Tests das Prinzip der Förderung Vorrang hat vor der Selektion. Eine andere Möglichkeit besteht darin, daß sich der Ausbilder z.B. jeden Freitag nachmittag eine Stunde lang mit seiner ganzen Gruppe zusammensetzt und bestimmte Themen im Gespräch noch einmal durchgeht, Zusammenhänge verdeutlicht und erkennbare Defizite ausgleicht. Letzteres Vorgehen kann zudem den positiven Nebeneffekt haben, die auseinanderlaufenden Teams in der Gruppe miteinander ins Gespräch zu bringen.

Zusammenfassend kann man feststellen, daß mit der Leittext-Methode sicherlich ein positiver Beitrag zur Ausgestaltung beruflicher Bildung geleistet wurde. Aber diese Form des Lernens ist keine Wunderwaffe, die alle bisher bekannten Probleme auf einen Schlag beseitigt. Und sie ist schon gar nicht eine für die Ausbilder bequeme Methode. Will der Ausbilder mit der Methode Erfolge erzielen, muß er sehr engagiert und flexibel sein. Insbesondere in der ersten Zeit (ein bis zwei Jahre) kann die Arbeit mit diesem Konzept zu einer echten Strapaze werden. Bis jetzt wurden aber alle diese Bemühungen mit guten Lernerfolgen, einer positiven persönlichen Beziehung zwischen Ausbilder und Auszubildenden und einer interessanteren Arbeitssituation belohnt.

Soweit die Erfahrungen mit der Konzeption im engeren Sinn. Aber welche Auswirkungen hat die Einführung des Leittext-gestützten Lernens auf das Umfeld, auf die Ausbildungsabteilung?
Die folgenden Ausführungen beziehen sich auf eine Situation, bei der ein Unternehmen mit einem größeren Ausbildungsbereich beschließt, weitgehend mit der »Leittext-Methode« zu arbeiten. Für eine »kleine« Ausbildung, wo ein einzelner Ausbilder selbst über die Form der Ausbildung entscheidet, gelten die folgenden Überlegungen nur sehr begrenzt.

Auch die Ausbilder müssen sich umstellen.

Mit der Einführung der Leittexte gehen folgende Veränderungen einher:
– Die Ausbilder müssen sich mit einem anderen Konzept vertraut machen, sie müssen eine neue Rollen- und Aufgabendefinition akzeptieren, sich von vertrauten Vorgehens- und Verhaltensweisen trennen. Sie lassen sich auf Unsicherheit ein.

– Die Leittexte sind auszuarbeiten. Schon aus zeitökonomischen Gründen empfiehlt es sich, arbeitsteilig vorzugehen und Leittexte für mehrere Anwender auszuarbeiten. Dies verlangt aber eine intensive Zusammenarbeit zwischen allen beteiligten Ausbildern. Die Ausbilder sind nun selbst keine Einzelkämpfer mehr sondern müssen lernen, im Team zusammenzuarbeiten. Konfliktstoff gibt es genug. Auf einmal sind sogenannte »simple« Fachfragen strittig. Schwerpunktbildungen bei den Lernzielen und bei der Aufgabenstellung müssen überdacht werden. Angemessene Schwierigkeitsgrade müssen abgestimmt werden. Auf einmal wird deutlich, wie unterschiedlich die Kollegen über wichtige Aspekte denken, wie verschieden bestimmte Sachen gehandhabt werden. Aber während früher jeder Ausbilder mit seiner Gruppe weitgehend so verfahren konnte, wie er es für richtig hielt, besteht nun ein gewisser Einigungszwang. Ohne bestimmte Festlegungen kann man den Leittext nicht formulieren.

Die Ausarbeitung guter Leittexte ist sehr aufwendig.

– Technische, räumliche und organisatorische Vorbereitungen sind zu treffen: Gibt es eine Lernecke, wo die Auszubildenden in Ruhe die Leittexte ausarbeiten können? Wenn diese Räume von mehreren Gruppen genutzt werden, wie erfolgt die Abstimmung der Benutzungszeiten? Sind genug Medien vorhanden, wer soll sie auswählen, wie ist dabei vorzugehen? Wie und in welcher Form (gedruckt, kopiert, auf Diskette) werden die Leittexte bereitgestellt? Wie soll der Änderungsdienst an den Leittexten sichergestellt werden? Wie kann eine Koordination zwischen den Gruppen und zwischen verschiedenen Ausbildungsbereichen gewährleistet werden für den Fall unvorhergesehener Verzögerungen? Wie kann der Ausbildungs- und Versetzungsplan so flexibel gestaltet werden, daß er sowohl schnellen als auch langsamen Auszubildenden gerecht wird?

Bei weitgehendem Einsatz der Konzeption sind meist auch gezielte Personal- und Organisationsentwicklungsmaßnahmen erforderlich.

Nimmt sich eine Ausbildungsleitung vor, für einen größeren Ausbildungsbereich die »Leittext-Methode« einzuführen, so muß sie einerseits eine *grobe* Vorstellung vom zukünftigen Lehr-Lern-Konzept entwickeln. Ein sehr *detailliertes* Konzept braucht sie von dem Vorgehen bei der Einführung. (Vorschläge dazu s. Kapitel 4)

Kapitel 4
Leittexte erstellen, den Einsatz vorbereiten

Was ist bei der Erstellung der Leittexte zu beachten?

Das Konzipieren von Leittexten ist mehr als die Zusammenstellung einer Fragensammlung, die die Bearbeitung eines Themas anleitet. Die Erstellung von Leittexten bedeutet eine Lerneinheit im Sinne des Leittext-gestützten Lernens zu gestalten. In diesem Zusammenhang ist dann festzulegen, welchen Inhalt und welchen Aufbau der Leittext haben soll.

Folgende Arbeitsschritte sind in der Regel zu durchlaufen:
1. Auswahl des Lernabschnittes, der entsprechend der »Leittext-Methode« ausgestaltet werden soll. Dazu gehört die Festlegung der fachlichen, methodischen, sozialen und sonstigen Lernziele. Dazu gehört auch die Erfassung der weitgehend unveränderlichen Rahmenbedingungen: Ort, Zeit, Ausbilder-Auszubildenden-Relation, materielle und organisatorische Voraussetzungen, Einstiegsvoraussetzungen bei den Lernenden, Qualifikation des Lehrkörpers.
2. Festlegung eines Grobkonzeptes. Dazu ist zu klären:
   – Welche übergreifende Aufgabe, welches Projekt soll bearbeitet werden?
   – In welchem Umfang und mit welcher Funktion sollen Leittexte eingesetzt werden?
   – Welche Informationsquellen stehen zur Verfügung?
   – Wie sieht die allgemeine Aufgaben- und Rollenzuweisung für den Ausbilder aus?
3. Im dritten Schritt ist die komplexe Aufgabe zu untergliedern – sofern erforderlich bzw. gewünscht – und entsprechend dieser Gliederung ist auch eine Unterteilung des Lehrganges in kleinere Einheiten vorzunehmen.
   Es ergibt sich dann meist folgende Zuordnung:
   Lehrgang   – Projekt   – Gesamtleittext
   Lerneinheit   – Teilprojekt   – Leittextkapitel

4. Wenn diese Grobstruktur fest steht, geht es an die Zuordnung der konkreten Kenntnisse und Fertigkeiten zu den Teilprojekten / Teilaufgaben. Dies ist meist schon gleichzeitig die Grobgliederung des Leittextes.
5. Parallel können jetzt die technischen Unterlagen, die Leitfragen als Kernbestandteile der Leittext-Kapitel sowie die sonstigen Elemente des Leittextes ausgearbeitet werden.

Die folgende Liste gibt eine Zusammenstellung von Tips und Hinweisen, die sich aus der Erstellung verschiedener Leittexte ergeben haben.

Grundsätzliches

Wenn die allgemeine Konzeption für die Ausbildung vorliegt, besteht der nächste Schritt darin, die einzelnen Lerneinheiten detailliert auszugestalten. Zunächst werden die Aufgabenstellungen und Übungen festgelegt, anschließend sind diesen praktischen Aufgaben die erforderlichen Kenntnisse zuzuordnen. Bei der Festlegung von Theorie und Praxis sind stets die Vorgaben der Ausbildungsordnung zu beachten.

Nachdem damit die inhaltlichen Festlegungen getroffen wurden, müssen weitere Bestandteile ausgewählt werden: Einleitung, Aufgabenbeschreibung, Planungsanforderungen, Vorgaben für die Selbstkontrolle usw.

Abschließend sind alle Bestandteile auszuformulieren, wobei der Formulierung der Fragen, die den Kenntniserwerb anleiten sollen, ein besonderes Augenmerk zu widmen ist!

Auswahl der Aufgabenstellungen

Folgende Aspekte sind zu beachten:

- Die Aufgaben müssen inhaltlich passen.
- Der Auszubildende soll den Bezug zur beruflichen Praxis erkennen können.
- Die Aufgabe soll auch für sich ansprechend, spannend, abwechslungsreich, eben motivierend sein.
- Der Umfang soll so groß sein, daß schon selbständiges Planen, Durchführen und Kontrollieren ermöglicht wird, gleichzeitig aber auch für den Lernenden noch der Überblick gewährleistet bleibt.
- Der Schwierigkeitsgrad soll dem Leistungsvermögen entsprechen und gegebenenfalls flexibel an individuelle Unterschiede angepaßt werden können.
- Der Schwierigkeitsgrad soll kontinuierlich gesteigert werden.

Zuordnung der Kenntnisse

Eine große Schwierigkeit besteht meist darin, den Vorgaben der jeweiligen Ausbildungsordnung gerecht zu werden, ohne die Aufgaben theoretisch zu überfrachten. Es empfiehlt sich, zunächst die praxisnahen Kenntnisse abzudecken. Es ist aber auch sicherzustellen, daß der Lernende in der besonderen Aufgabe das Allgemeingültige erkennt und die größeren Zusammenhänge versteht. Konkrete Wissenslücken lassen sich dann leichter schließen.

Einleitung ausarbeiten

Die Einleitung soll dem Auszubildenden einen Überblick über die kommende Lerneinheit geben. Praktische Aufgaben, theoretische Lernziele und der weitere Lern- und Arbeitsablauf sind zu beschreiben. Dabei ist zu beachten, daß zu diesem Zeitpunkt für den Lernenden noch fast alles fremd ist. Neue Fachwörter haben also in der Einleitung keinen Platz. Im Gegenteil: Gerade in der Einleitung kommt es darauf an, eine Brücke zwischen schon Bekanntem und dem Neuen zu schlagen. Dies muß so geschehen, daß *Neugier* erzeugt wird und keine *Angst*!

Aufgabenstellung beschreiben

Bei der Beschreibung der Aufgabenstellung kommt es darauf an, einerseits die Aufgabe so vorzustrukturieren, daß der Auszubildende einen ersten Eindruck erhält, was auf ihn zukommt, damit er sich orientieren kann. Zum anderen soll die Beschreibung von Lernaufgaben schon den Bezug zur typischen beruflichen Tätigkeit deutlich machen.

Planungsanforderungen festlegen

Neue Ausbildungsordnungen haben die veränderten Anforderungen des Arbeitslebens auch dadurch berücksichtigt, daß sie das selbständige Planen besonders betonen. Planen kann in einem einfachen Fall mit dem Sortieren von vorgegebenen, aber ungeordneten Arbeitsschritten beginnen und im Extremfall die Abwicklung eines Projektes einschließlich Informationserarbeitung, Problemlösung, Beschaffung, Absprache mit anderen Abteilungen usw. umfassen. Auch hierbei ist eine angemessene Steigerung des Schwierigkeitsgrades unabdingbar.

Unterlagen für die Selbstkontrolle vorgeben

Häufig müssen Gütemaßstäbe erst entwickelt und eine sinnvolles Vorgehen erst erlernt werden. Der Ausbilder darf dem Lernenden die Kontrolle nicht abnehmen, weil dadurch die Entwicklung von Selbstsicherheit behindert wird. Dennoch brauchen die Auszubildenden in der Anfangszeit eine gewisse Anleitung. Dazu können einerseits Modelle dienen, die die anzustrebende Qualität zeigen. Andererseits sind Auswertungsbögen hilfreich, die die Kriterien auflisten. (Eine Orientierung an Prüfungsunterlagen ist gegebenenfalls sinnvoll.)

Formulierung der Fragen für den Kenntniserwerb

Die Fragen sollen dem Auszubildenden helfen, die für die bevorstehende Aufgabe erforderlichen Kenntnisse zu erwerben. Die Fragen unterscheiden sich deshalb schon in der Art der Formulierung von Testfragen, die bereits vorhandene Kenntnisse abprüfen sollen. Außerdem beziehen sich die Fragen nicht nur auf die Fachkenntnisse im engeren Sinne, sondern auf alle Aspekte, die zur verständigen Erledigung der Aufgabe von Bedeutung sind.

Folgende inhaltliche Aspekte sind zu berücksichtigen (Beispiel Elektrotechnik):

– Welche Funktion realisiert das (Teil-)Projekt, die Schaltung?
– Welche (technischen) Unterlagen stehen zur Verfügung, wie sind diese zu handhaben bzw. zu lesen?
– Was ist hinsichtlich der Stromversorgung bzw. der verwendeten Stromart / Stromquelle zu beachten?
– Welche Bauelemente (Sensoren, Prozessoren, Aktoren, Verbindungselemente, Sicherungen) kommen in der Schaltung vor, welche Funktion haben sie, wie sind sie gekennzeichnet, was ist bei ihrer Handhabung zu berücksichtigen?
– Welche Schaltungen / Programme kommen zum Einsatz, wie sind sie aufgebaut, wie werden sie erstellt bzw. modifiziert, wie ist bei der Fehlersuche vorzugehen?
– Welche meßtechnischen Prüfungen sind an der Schaltung vorzunehmen, wie sind die Messungen durchzuführen, welche Meßfehler treten leicht auf, wie können durch Abschätzen plausible von unsinnigen Meßergebnissen getrennt werden?
– Welche Meßgeräte kommen zum Einsatz, wie sind diese zu handhaben?

– Was ist bei der Interpretation der Ergebnisse zu beachten, wie ist systematisch bei der Fehlersuche vorzugehen?
– Welche Werkzeuge, Geräte und Maschinen kommen bei der Bewältigung der Aufgabe zum Einsatz, was ist bei der Handhabung zu berücksichtigen?
– Welche Sicherheitsregeln sind bei den jeweiligen Arbeitsschritten zu beachten?

Folgende formale Aspekte sollten beachtet werden:

– Die Fragen sollen verständlich formuliert sein!
– Die Reihenfolge der Fragen soll sich an dem gedanklichen Vorgehen eines Fachmannes orientieren!
– Die Fragen sollen auf die bereitstehenden Kenntnisquellen abgestimmt sein!
– Die Antwortarten sollen wechseln (freie Formulierung, Ankreuzen, Skizzen erstellen bzw. ergänzen usw.).

Was ist bei der Einführung der Methode zu beachten?

Es hat sich bewährt, die Einführung des Leittext-gestützten Lernens nach den gleichen Spielregeln anzugehen, die auch zukünftig für die Ausbildung gelten sollen. Die Einführung der Methode ist das Projekt für die Ausbilder des entsprechenden Bereiches. Bei der Bearbeitung dieses Projektes werden sie von ihrem Vorgesetzten genauso angeleitet, wie sie später ihre Auszubildenden anleiten werden. Entsprechend gewissen Zielvorgaben und unter Berücksichtigung der gegebenen Rahmenbedingungen werden in intensiver Teamarbeit die konzeptionellen Ansätze ausgearbeitet, die praktischen Aufgabenstellungen ausgewählt, die Leittexte ausgearbeitet sowie die sonstigen Vorbereitungsmaßnahmen geplant und ausgeführt. Das heißt, die Vorbereitung der Einführung der »Leittext-Methode« wird zum Lern- und Erfahrungsfeld für die Ausbilder, um sich in die Methode hineinzudenken und sich mit ihr vertraut zu machen. Sofern die entsprechende Organisationseinheit wenig Erfahrungen mit solchen Veränderungsprozessen hat, und sie erst eine entsprechende interne Struktur sowie Verhaltensregeln erarbeiten muß, handelt es sich um einen klassischen Fall von Organisationsentwicklung.

Die Einführung der Methode als Projekt der Ausbilder angehen!

Einsicht und Erfahrung sollten sich gegenseitig unterstützen.

Um die Tragweite einer solchen Entwicklung zu veranschaulichen und gleichzeitig auch ein Gefühl für den Umfang einer solchen Umstellung zu vermitteln, wird an dieser Stelle das Vorgehen der Deutschen Bundesbahn dargestellt. Damit ergeben sich gleichzeitig einige konkrete Hinweise, wie die Leittext-Methode eingeführt werden kann.

Für die Koordination der Ausbildung ist bei der Deutschen Bundesbahn das Bundesbahn-Sozialamt als zentrale Stelle zuständig. Erste Überlegungen zur Veränderung der Ausbildung in Richtung »Leittext-Methode« wurden hier von den Verantwortlichen schon Mitte 1982 angestellt. Besuche bei Firmen, die mit dieser Methode arbeiteten und beim Bundesinstitut für Berufsbildung, das die entsprechenden Modellversuche betreute, schufen eine gute Informationsbasis. Schon in diesem frühen Stadium der Überlegungen war man sich einig, daß es wenig Sinn haben würde, an zentraler Stelle ein fertiges Konzept auszuarbeiten und dieses dann den ca. 70 über das ganze Land verstreuten Ausbildungs-Werkstätten überzustülpen. Die Ausbilder vor Ort sollten soweit wie möglich in die Entwicklung einbezogen werden. Gleichzeitig war klar, daß nicht alle Ausbilder an der Ausarbeitung der Leittexte direkt mitwirken konnten. Man einigte sich schließlich – und an all diesen Prozessen waren selbstverständlich Personal- und Jugendvertretung intensiv beteiligt – darauf, zunächst mit wenigen Werkstätten zu beginnen und anschließend in einer Art Schneeballsystem Jahr für Jahr weitere Werkstätten und Ausbilder einzubeziehen. Dadurch konnten für neu nach der Methode umgestaltete Ausbildungsabschnitte immer wieder Pilotphasen realisiert werden, die eine Korrektur von Fehlern erlaubten, ehe zu viele Werkstätten mit den entsprechenden Elementen zu arbeiten begannen.

Rückkopplung und Überarbeitungsmöglichkeiten von vornherein einplanen!

Für jede neu einzubeziehende Werkstatt bestand die Vorbereitungsphase – die sich über etwa ein Jahr erstreckte – aus folgenden Schritten:

– Informationstreffen:
 Die neu einzubeziehende Werkstatt wird von der Zentrale über die angestrebten Veränderungen sowie über das weitere Vorgehen informiert. Schriftliche Informationsmaterialien werden bereit- und vorgestellt.

– Schnupperbesuche:
 Die Ausbilder haben die Gelegenheit, bei anderen Firmen oder bei benachbarten Ausbildungs-Werkstätten der Bahn, die bereits mit der neuen Methode arbeiten, sich einen ersten Eindruck von der Konzeption zu verschaffen.

– Diskussionsveranstaltung:
 Die Erfahrungen und Beobachtungen werden mit Mitarbeitern der Zentrale

diskutiert. Aus der Perspektive der Zentrale geht es jetzt darum, offene Fragen zu beantworten und Skepsis zu überwinden. Es soll mindestens bei allen Mitarbeitern eine gewisse Bereitschaft erreicht werden, sich mit der Konzeption weiter auseinanderzusetzen und eine Einführung zu probieren. Gleichzeitig gilt es schon in dieser Phase solche Schwierigkeiten zu erkennen, die sich aus örtlichen Besonderheiten ergeben. Für solche Probleme sind frühzeitig Lösungsansätze zu entwickeln.

– Bildung eines Arbeitskreises:
Die betroffenen Ausbilder setzen sich zusammen, um die weitere Einführung für ihre jeweilige Werkstatt zu planen und zu koordinieren.

– Hospitation:
Die betroffenen Ausbilder sollen die neue Konzeption mit allem »Drum und Dran« erleben. Für ca. eine Woche beobachten sie den Ausbildungsablauf in einer benachbarten Bundesbahn-Werkstatt. Diese Hospitation wird durch einen Hospitationsleitfaden strukturiert um sicherzustellen, daß alle relevanten Aspekte ins Auge gefaßt werden.

– Seminare:
In einwöchigen Seminaren, die von der Zentrale in eigenen Schulungseinrichtungen durchgeführt werden, bekommen die Ausbilder den »letzten Schliff«. Zum einem werden verbliebene offene Fragen erörtert. Schwerpunkt dieser Seminare bildet jedoch das Durchspielen der typischen Ausbildungssituationen, wie sich durch die veränderte Ausbildungskonzeption ergeben. So haben die Ausbilder die Möglichkeit, neue Verhaltensweisen zu erproben und einzuüben.

Dieses Vorgehen ist sehr aufwendig und es war immer wieder schwierig, diese Planung angesichts von Personal- und Zeitknappheit zu realisieren.
Dennoch machen alle Erfahrungen deutlich, daß nur so eine gründliche Vorbereitung letztlich den Erfolg gewährleisten kann. Es erscheint als ein schwerwiegender Fehler, wenn Vorgesetzte ihren Mitarbeitern nicht genügend Zeit einräumen, um sich mit dem Konzept im wahrsten Sinne des Wortes »vertraut« zu machen. Vertrauen bildet sich aber nicht von heute auf morgen!

»Gut Ding will Weile haben!«

Zusammenfassung

Die »Leittext-Methode« ist nun etwa zehn Jahre alt. Sie ist den Kinderschuhen entwachsen und hat eine wichtige Stellung in der beruflichen Bildung erhalten. Ihre Stärken liegen in der Vermittlung einer umfassenden Handlungskompetenz. Sie schafft die Möglichkeit, auf unterschiedliche individuelle Lernleistungsfähigkeiten und Lerntypen auch innerhalb größerer Ausbildungsgruppen besser eingehen zu können. Sie fördert die Motivation. Sie intensiviert das Lernen.

Probleme ergeben sich aus der aufwendigen Gesamtvorbereitung und insbesondere aus der zeitraubenden Leittexterstellung.

Will man trotz dieser Schwierigkeiten auf den Einsatz der Methode nicht verzichten, so empfiehlt es sich, die Einführung der Methode als einen längeren Entwicklungsprozeß anzulegen. Schrittweises Vorgehen mit wiederholter Auswertung der gemachten Erfahrungen bietet die höchsten Erfolgsaussichten. Gründlichkeit in der Vorbereitung macht sich letztlich bezahlt.

In diesem Sinne meine ich, sollte man die Anwendung der Leittext-Methode nicht als Nutzung eines einmal fertig entwickeltes Rezeptes betrachten. Angemessener erscheint es mir, die »Leittext-Methode« als einen Schritt in der Entwicklung der methodischen Konzepte der beruflichen Bildung zu betrachten. Diesem Schritt gingen andere voraus, ohne die die »Leittext-Methode« nicht möglich gewesen wäre. Weitere Schritte werden folgen, wobei alle Beteiligten aus den jetzigen Erfahrungen lernen können, um weitergehende Überlegungen daraus zu entwikkeln.

Anhang

**Auszüge aus einem Leittext der Deutschen Bundesbahn
für die Grundausbildung in Bauberufen**

Deutsche Bundesbahn

Ausbildung zum

Gleisbauer

Ausbildungsabschnitt

Grundausbildung
1.Ausbildungsjahr

Mauerwerksbau

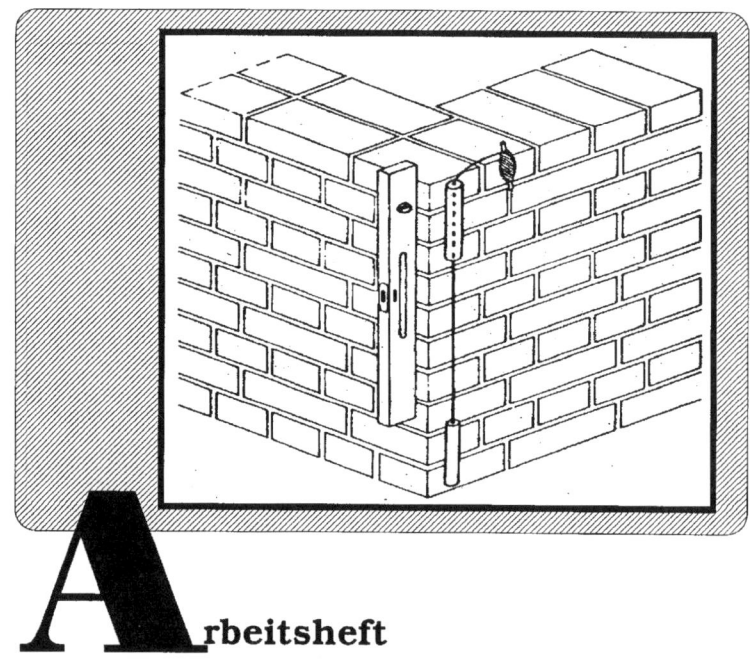

Arbeitsheft

HERAUSGEGEBEN VOM BUNDESBAHN - SOZIALAMT
BETRIEBLICHES BILDUNGSWESEN

Arbeitsheft zum Mauerwerksbau	**Inhaltsverzeichnis**	Blatt 2
S.f.A.		.....Bl.

Inhaltsverzeichnis

Einführung in das Lernen und Arbeiten mit Leittexten

Aufgabenstellungen: *Leitfragensammlungen:*

1.   11,5 cm-Wand im Läuferverband   Einrichten des Arbeitsplatzes (Grundl.)
                                                          Baumaterialien (Grundlagen)

2.   11,5 cm-Mauereck   Baumaterialien (Vertiefung I)
                                                          Einrichtung des Arb.-Pl. (Vertiefung I)
                                                          Mörtelmischungen (Grundlagen)
                                                          Verbände (Grundlagen)
                                                          Baumaterialien (Vertiefung II)

3.   11,5 cm-T-Anschuß mit Anschlag   Mörtelmischungen (Grundlagen)
                                                          Verbände (Grundlagen)
                                                          Baumaterialien (Vertiefung II)

4.   11,5 cm-Mauerkreuzung   Mörtelmischungen (Vertiefung I)
                                                          Baumaterialien (Vertiefung I)

5.   24 cm-Wand im Blockverband   Verbände (Vertiefung I)

6.   24 cm-Wand im Kreuzverband   Verbände (Vertiefung II)

7.   24cm-Mauereck mit Abtreppung und Verzahnung   Verbände (Vertiefung III)

8.   Maueranschluß 24/24 cm   Steinarten (Grundlagen)

9.   Mauerkreuzung 24/24 cm   Steinarten (Vertiefung I)

10. Pfeiler 24/36,5 cm und Sturz   Ausführen besonderer Arbeiten :
                                                          Setzen von Stürzen

11. Gerüstbau - Bockgerüst   Einrichten des Arbeitsplatzes
                                                          (Vertiefung II)

Arbeitsheft zum Mauerwerksbau	**Einführung**	Blatt 3
S.f.A.		.....Bl.

Hinweise zum Arbeitsablauf

Der Arbeitsablauf sieht also in etwa folgendermaßen aus.

1. Sie machen sich mit der ersten Aufgabenstellung und den technischen Unterlagen vertraut.

2. Sie bearbeiten die zugehörigen Leitfragen und erstellen einen Arbeitsplan. Fehlende Kenntnisse erarbeiten Sie sich mit ihren Kollegen aus den bereitstehenden Medien.

3. Sie besprechen Ihre Antworten und Ihren Detailplan mit Ihrem Ausbilder.

4. Wenn Ihre Vorarbeiten okay waren, geht es jetzt an die praktische Arbeit.

5. Ist die praktische Arbeit erledigt, besprechen Sie Verlauf und Ergebnis mit Ihrem Ausbilder. Manchmal ist die Auswertung schriftlich anhand eines Auswertungsbogen auszuführen.

8. Wenn die erste Arbeit erledigt ist, geht es an die nächste. Wieder sind vorbereitend Leitfragen zu bearbeiten und ein Plan zu erstellen. Dann Antworten und Plan mit dem Ausbilder durchsprechen. Anschließend praktische Arbeit mit dazugehöriger Auswertung. Und so weiter, und so weiter,....
bis die Grundausbildung "Mauerwerksbau" abgeschlossen ist!

1. Aufgabe kennenlernen
↓
Kenntnisse erarbeiten
↓
Vorbereitung durchsprechen
↓
praktische Arbeit ausführen
↓
praktische Arbeit auswerten
↓
nächste Aufgabe kennenlernen
↓ ↓ ↓
usw.

Besprechen Sie jetzt bitte noch mit Ihrem Ausbilder, wieviele Arbeitstage für diesen Lehrgang zur Verfügung stehen. Berechnen Sie dann, wieviel Zeit Sie durchschnittlich für eine Aufgabenstellung haben.
Beachten Sie bitte, daß Sie sich die Zeit in gewissen Grenzen so einteilen können, wie es für Ihr Lernen und Arbeiten am besten ist. Zeit zum Bummeln ist allerdings nicht vorgesehen!

Gesamtzeit .... Tage
durch
Anzahl der
Aufgaben ....
= .... Tage pro Aufgabe
!

Arbeitsheft zum Mauerwerksbau	**Aufgabenstellungen**	Blatt 4
S.f.A.	Aufgabenstellung 1	.....Bl.

Aufgabenstellung 1

Erstellen Sie eine **11,5 cm dicke Mauer (Wandscheibe) mit 75 cm Höhe** entsprechend der folgenden Zeichnung.

Hinweise zum Lern- und Arbeitsablauf

Bevor Sie die praktische Arbeit ausführen, machen Sie sich bitte zunächst mit den technischen Unterlagen vertraut und bearbeiten die anschließenden Vorbereitungs-aufgaben und Fragen. Zum Erwerb der erforderlichen Kenntnisse empfehlen wir die Leitfragensammlungen:
- **Einrichtung des Arbeitsplatzes (Grundlagen), Anordnung der Gerätschaften**
- **Baumaterialien (Grundlagen), Steine und Fugen.**
Besprechen Sie dann Ihre Ausarbeitungen mit Ihrem Ausbilder; danach geht es an die praktische Arbeit!

Qualifikationsziele

- Planen des Arbeitsablaufes;
- Einrichten des Arbeitsplatzes inkl. Auswahl der Werkzeuge;
- Ausführen einfacher Mauerarbeit im Läuferverband unter Beachtung grundlegender Arbeits- und Sicherheitsregeln sowie der Maße für Steine und Fugen.

Hilfsmittel / Kenntnisquellen

- Fachbuch "Grundwissen Bau"
- BIBB-Lehrgangsunterlagen "Mauern"

Arbeitsheft zum Mauerwerksbau	**Aufgabenstellungen**	Blatt 5
S.f.A.	**Aufgabenstellung 1**	.....Bl.

Technische Unterlagen

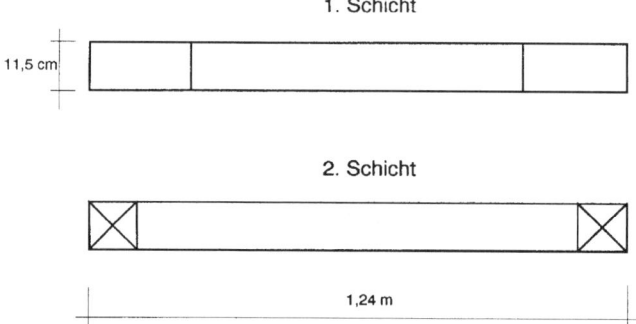

1. Schicht

11,5 cm

2. Schicht

1,24 m

Arbeitsheft zum Mauerwerksbau	**Aufgabenstellungen**	Blatt 6
S.f.A.	**Aufgabenstellung 1**	.....Bl.

Vorbereitungsaufgaben und Fragen

Wie viele Schichten Steine übereinander benötigen Sie, um die vorgegebene Höhe zu erreichen?

Wie viele ganze und halbe Steine benötigen Sie für diese Wandscheibe?

Halbe Steine:.....   Ganze Steine:.....

Welche Baumaterialien benötigen Sie außer den Steinen noch für Ihre Arbeit?

....

Welche Werkzeuge und Hilfsmittel benötigen Sie für die kommende praktische Arbeit?

....

....

....

....

....

Arbeitsheft zum Mauerwerksbau	**Aufgabenstellungen**	Blatt 7
S.f.A.	Aufgabenstellung 1	.....Bl.

Planen Sie nun die einzelnen Arbeitsschritte!
Kennzeichnen Sie die richtige Reihenfolge der folgenden unsortierten Arbeitsschritte mit den Zahlen 1 bis 10:

- Versetzen der Steine für die erste Schicht

- Mörtel mischen

- Arbeitsplatz einrichten

- Lagerfugenmörtel für die erste Schicht aufbringen und verteilen

- Zeichnung lesen

- Stoßfugen mit Mörtel verfüllen

- Transport der Baustoffe zum Arbeitsplatz

- Steine der ersten Schicht in Höhe und Flucht ausrichten

- Lagerfugenmörtel der 2. Schicht aufbringen und verteilen

- Schichthöhe der 2. Schicht überprüfen

Besprechen Sie jetzt die Ergebnisse Ihrer Ausarbeitung und verbliebene offene Fragen mit Ihrem Ausbilder!

Wenn Sie bei der Arbeit einmal unsicher werden sollten, wie es weitergeht, dann halten Sie bitte folgende Reihenfolge ein:

- **Nehmen Sie zuerst Ihre eigenen Unterlagen zur Hand und versuchen Sie die Lösung Ihres Problems selbst zu finden!**

- **Schauen Sie einmal, was Ihr Kollege nebenan macht!**

- **Es geht nichts mehr? Gehen Sie zu Ihrem Ausbilder, er wird Ihnen weiterhelfen!**

Deutsche Bundesbahn

Ausbildung zum

Gleisbauer

Ausbildungsabschnitt

Grundausbildung
1.Ausbildungsjahr

Mauerwerksbau

Leitfragensammlungen

HERAUSGEGEBEN VOM BUNDESBAHN - SOZIALAMT
BETRIEBLICHES BILDUNGSWESEN

Leitfragensammlung zum Mauerwerksbau	**Inhaltsverzeichnis**	Blatt 2
S.f.A.		.....Bl.

Inhaltsverzeichnis

Leitfragensammlung zum Mauerwerksbau	**Arbeitsplatz**	Blatt 3
S.f.A.	Grundlagen	.....Bl.

Einrichtung des Arbeitsplatzes / Werkzeuge
Grundlagen: Anordnung der Gerätschaften am Platz; Auswahl einfacher Handwerkzeuge

Lernziele:
Die Auszubildenden sollen die einschlägigen Werkzeuge benennen und deren Verwendungszweck beschreiben können. Sie sollen sich die erforderlichen Hilfsmittel am Arbeitsplatz so bereitstellen, daß ein zügiges und sicheres Arbeiten gewährleistet ist.

Einführende Hinweise:
Bevor die eigentliche Arbeit beginnt, ist es erforderlich, alle notwendigen Werkzeuge und Hilfsmittel bereitzustellen. Die richtige Anordnung am Arbeitsplatz erleichtert die Arbeit und erhöht die Arbeitssicherheit. Die folgenden Leitfragen helfen Ihnen, die wichtigsten Werkzeuge und eine sinnvolle Anordnung aller Hilfsmittel am Arbeitsplatz kennenzulernen.

Leitfragen:

1. Mit welchen Maurerwerkzeugen haben Sie bereits einmal gearbeitet?

....

....

Leitfragensammlung zum Mauerwerksbau	**Arbeitsplatz**	Blatt 4
S.f.A.	Grundlagen	.....Bl.

2. Benennen Sie die im folgenden abgebildeten Werkzeuge:

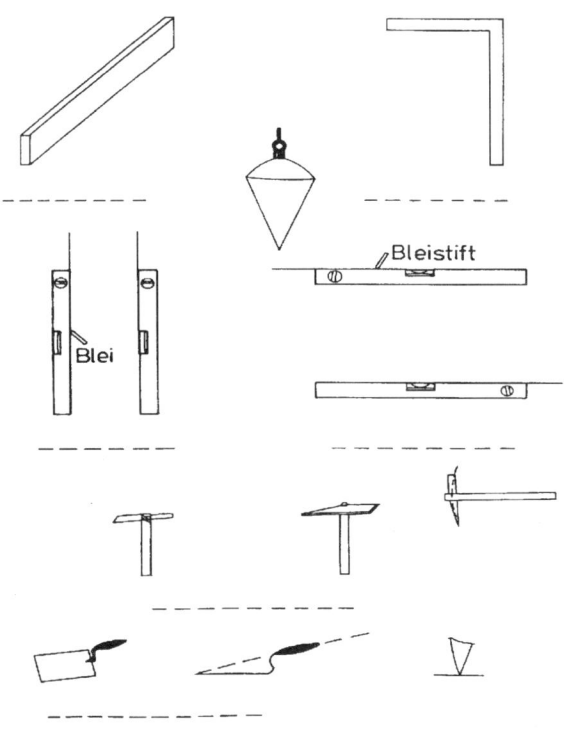

Leitfragensammlung zum Mauerwerksbau	**Arbeitsplatz**	Blatt 5
S.f.A.	**Grundlagen**	.....Bl.

3. Um die Verwendung der Werkzeuge zu beschreiben, versuchen Sie bitte den folgenden Lückentext zu vervollständigen.

Mit der .... wird der Mörtel auf die Steine aufgebracht und die Stoßfugen verfüllt.

Der .... dient zum Schlagen der Steine.

Die Senkrechte und Waagerechte des Mauerwerks wird mit der .... überprüft.

Das Richtscheit dient zum .... der Steine.

Um einen rechten Winkel (90°) abzustecken, verwendet der Maurer einen............................... .

Leitfragensammlung zum Mauerwerksbau	**Arbeitsplatz**	Blatt 6
S.f.A.	Grundlagen	.....Bl.

4. Ordnung an Ihrem Arbeitsplatz ermöglicht Ihnen ein zeit- und kräftesparendes Arbeiten!
Skizzieren Sie, wie Sie die zu verarbeitenden Steine, den Mörtel und die benötigten Werkzeuge und sonstigen Hilfsmittel vor der Mauer anordnen werden.
(Beachten Sie dabei, ob Sie Links- oder Rechtshänder sind!)
Geben Sie bitte auch die Maße für den benötigten Arbeitsraum an.

Die Mauer (Maßstab ca. 1:10)

Ihr Arbeitsbereich

Anschriften für weitere Informationen

ABB Management Services GmbH
Kallstadter Straße 1
W-6800 Mannheim

Bundesinstitut für Berufsbildung
Fehrbelliner Platz 3
W-1000 Berlin 31

Bundesbahn-Sozialamt
Karlstr. 4-6
W-6000 Frankfurt 1

Deutsche Bundespost Telekom
Fernmeldetechnisches Zentralamt – Bildungszentrum
Z 21
Hilpertstr. 27
W-6100 Darmstadt

Ford-Werke AG
Technische Berufsbildung
Geestemünder Str. 36 – 38
W-5000 Köln 60

Friedrichsdorfer Büro
An der Schölke 5
W-3320 Salzgitter 1

Hoesch Stahl AG
Berufsbildungszentrum
Rheinische Str. 210
W-4600 Dortmund 1

IFA-Verlag GmbH
Erlenweg 11
W-5300 Bonn 3

Mercedes-Benz, Werk Gaggenau
Betriebliches Bildungswesen
Postfach 12 20
W-7560 Gaggenau

Siemens AG
Gewerbliche Weiterbildung
Z PB 43
Postfach 103
W-8000München 1

Preussag Stahl AG
(früher: Stahlwerke Peine-Salzgitter AG)
Ausbildungsplanung
Postfach 41 11 80
W-3320 Salzgitter 41

Hinweise auf verwendete und weiterführende Literatur

Aebli, H.: Denken: Das Ordnen des Tuns. Klett-Cotta. Stuttgart 1980

Ballstaedt, S.-P.: Lerntexte und Teilnehmerunterlagen. Aus: Mit den Augen Lernen. Seminareinheit 2 (Hrsg. H. Will). Beltz Verlag. Weinheim und Basel 1991

Bockelbrink, K.-H. u.a.: Handbuch für den Ausbilder. Hoesch Stahl AG. Dortmund 1987

Boretty, R. u.a.: PETRA. Projekt- und transferorientierte Ausbildung. Siemens AG. Berlin und München. 2. Aufl. 1990

Dunkel, J./Kaiser, H.-D.: MAUSY/LOLA. Neue Ausbildungsmethoden in der Ausbildung zum Kommunikationselektroniker. Fachrichtung Telekommunikationstechnik. In: Unterrichtsblätter der Deutschen Bundespost Telekom. Jg. 41/1988 Nr.4

Dauster, K.-F.: Integrierte Förderung im Rahmen der Modulausbildung. In: Unterrichtsblätter der Deutschen Bundespost Telekom. Jg. 42/1989, Nr.10

Dörner, D.: Die kognitive Organisation beim Problemlösen. Hans Huber Verlag. Bern, Stuttgart, Wien 1974

Gagné, R.M.: Die Bedingungen des menschlichen Lernens. Schroedel Schulbuchverlag. Hannover, Dortmund, Darmstadt, Berlin 1980

Hacker, W.: Allgemeine Arbeits- und Ingenieurspsychologie. Hans Huber Verlag. Bern, Stuttgart, Wien 1986

Heckhausen, H.: Motivation und Handeln – Lehrbuch der Motivationspsychologie. Springer-Verlag. Berlin, Heidelberg, New York 1980

Heineken, E. und Habermann, T.: Lernpsychologie für den beruflichen Alltag. (Arbeitshefte zur Führungspsychologie. Heft 14) Sauer Verlag. Heidelberg 1985

Koch, J./Schneider, P.-J.: Neuer Beruf – anderes Lernen. Regelungen für die Ausbildung bei der Deutschen Bundespost (Hrsg. Deutsche Postgewerkschaft). Frankfurt 1988

Koch, J. u. a.: Das Lehr-/Lernsystem Hobbymaschine. Modellversuche zur Beruflichen Bildung. Heft 15. Bundesinstitut für Berufsbildung. Berlin 1983

Kröll, W. u.a.: Mehr Selbständigkeit und Teamarbeit in der Berufsbildung. Modellversuche zur Beruflichen Bildung. Heft 18. Bundesinstitut für Berufsbildung. Berlin 1984

Mertens, D.: Schlüsselqualifikationen – Thesen zur Schulung für eine moderne Gesellschaft. In: Mitteilungen aus der Arbeitsmarkt- und Berufsforschung 7 (1974)

Rottluff, J.: Leittexte in der beruflichen Bildung. In: Neue Wege der betrieblichen Ausbildung (Hrsg. Christian K. Friede). Sauer Verlag. Heidelberg 1988

Schwichtenberg, U.: Projekte in der gewerblich-technischen Berufsausbildung. In: Neue Wege der betrieblichen Ausbildung (Hrsg. Christian K. Friede). Sauer Verlag. Heidelberg 1988

Vester, F.: Denken, Lernen, Vergessen. Deutscher Taschenbuch Verlag. München 16. Aufl. 1989

Watzlawick, P. u.a.: Menschliche Kommunikation – Formen, Störungen, Paradoxien. Bern, Stuttgart, Toronto. 8. Aufl. 1990

Weidenmann, B.: Lernen mit Bildmedien. Aus: Mit den Augen lernen. Seminareinheit 1 (Hrsg. H. Will). Beltz Verlag. Weinheim und Basel 1991

BELTZ WEITERBILDUNG

Training

In der Reihe Training werden in Einzelbänden Themenkomplexe ausführlich behandelt, die Bildungsprofis ebenso ansprechen wie Interessierte mit anderen Hauptberufen. Auch zum Selbststudium sind die Trainingsbücher bestens geeignet.

Regula Schräder-Naef
Lerntraining für Erwachsene
»Es lernt der Mensch, so lang er lebt«
204 S. Br. DM 32,–
ISBN 3-407-36300-1
Dieses Buch richtet sich an alle Erwachsenen, die erneut vor Lernanforderungen gestellt werden. Die vielen praktischen Anleitungen zeigen, wie der Wiedereinstieg ins Lernen gelingen kann.

Jörg Knoll
Kurs- und Seminarmethoden
Ein Trainingsbuch zur Gestaltung von Kursen und Seminaren, Arbeits- und Gesprächskreisen
202 S. Br. DM 38,–
ISBN 3-407-36301-X
Die unterschiedlichsten Kurs- und Seminarmethoden für Veranstaltungen im Bereich von Weiterbildung und Erwachsenenbildung sind in diesem Buch zusammengestellt.

Beltz Verlag
Postfach 100154 · 6940 Weinheim

Martin Hartmann/Rüdiger Funk/
Horst Nietmann
Präsentieren
Präsentationen: Zielgerichtet und adressatenorientiert
189 S. Br. DM 38,–
ISBN 3-407-36302-8
Das klar aufgebaute Buch führt schrittweise durch die Phasen der Vorbereitung und Durchführung von Präsentationen. Auch die Gestaltung einer anschließenden Diskussion sowie Visualisierungen und der Einsatz von Medien werden berücksichtigt.
Eine ausführliche Checkliste, die alle Hinweise zusammenfaßt, hilft allen, die Präsentationen lebendiger und informativer gestalten wollen.

Karlheinz A. Geißler
Anfangssituationen
Was man tun und besser lassen sollte
176 S. Br. DM 34,–
ISBN 3-407-36303-6
Die spannendste Situation ist immer der Anfang, oft aber auch die schwierigste. Wer kennt nicht das Problem, den Einstieg zu finden. Dieses Buch gibt konkrete Hinweise, was man als Dozent, als Kursleiterin tun kann und was man besser vermeiden sollte.

Karlheinz A. Geißler
Schlußsituationen
Die Suche nach dem guten Ende
156 S. Br. DM 42,–
ISBN 3-407-36304-4
Das Buch gibt konkrete Hinweise zur Gestaltung von Übergängen und Schlußsituationen in Kursen und Seminaren.

Fachbuch

In der Reihe Fachbuch wird das notwendige Hintergrundwissen vertieft. Praktische Erfahrung und wissenschaftliche Erkenntnisse werden gekonnt verknüpft.

Wolfgang Wittwer (Hrsg.)
Annäherung an die Zukunft
Zur Entwicklung von Arbeit, Beruf und Bildung
218 S. Br. DM 38,–
ISBN 3-407-36600-0
In diesem Buch haben sich Experten der beruflichen Weiterbildung Gedanken über die Zukunft gemacht. Ausgehend von den Veränderungen der Berufs- und Arbeitswelt werden grundlegende Überlegungen angestellt, wie Qualifikationsanforderungen des »Arbeitsnehmers von morgen« aussehen können.

Kurt R. Müller (Hrsg.)
Kurs- und Seminargestaltung
Ein Handbuch für Mitarbeiter/-innen im Bereich von Training und Kursleitung
290 S. Br. DM 39,80
ISBN 3-407-36601-9
Dieses Handbuch greift konkrete Probleme der Erwachsenenbildung auf. Behandelt werden Themen wie z.B. Lernverweigerungen, Dozentenängste, Autoritätskonflikte, Schwierige Teilnehmer, Motivationen, Anfangs- und Schlußsituationen.

BELTZ WEITERBILDUNG

Seminar

In der Reihe Seminar werden Themen aufgefächert und in mehreren Bänden behandelt, die als »Seminareinheiten« bezeichnet werden. Der erste Band liefert die theoretische Grundlage für die fünf weiteren Bände, die ihrerseits sehr praxisnah gestaltet sind.

Hermann Will (Hrsg.)
Mit den Augen lernen
Medien in der Aus- und Weiterbildung.
6 Seminar-
einheiten im Schuber.
DM 148,–
ISBN 3-407-36000-2

Die Seminareinheiten sind auch einzeln erhältlich.
Ab 10 Ex. eines Titels DM 22,–.

Seminareinheit 1
Bernd Weidenmann
Lernen mit Bildmedien
Psychologische und didaktische Grundlagen
112 S. Br. DM 28,–
ISBN 3-407-36001-0

Seminareinheit 2
Steffen-Peter Ballstaedt
Lerntexte und Teilnehmerunterlagen
133 S. Br. DM 28,–
ISBN 3-407-36002-9

Beltz Verlag
Postfach 100154 · 6940 Weinheim

Seminareinheit 3
Traute Langner-Geißler/Ulrich Lipp
Pinwand, Flipchart und Tafel
108 S. Br. DM 28,–
ISBN 3-407-36003-7

Seminareinheit 4
Hermann Will
Arbeitsprojektor und Folien
96 S. Br. DM 28,–
ISBN 3-407-36004-5

Seminareinheit 5
Rainer Kittelberger/
Immo Freisleben
Lernen mit Video und Film
152 S. Br. DM 28,–
ISBN 3-407-36005-3

Seminareinheit 6
Claus E. Bäumler
Lernen mit dem Computer
112 S. Br. DM 28,–
ISBN 3-407-36006-1

Wolfgang Wittwer (Hrsg.)
Ausbildung gestalten
Situationsorientiertes Aus-
bilden im Betrieb. 6 Seminar-
einheiten im Schuber.
DM 148,–
ISBN 3-407-36007-X

Die Seminareinheiten sind auch einzeln erhältlich.
Ab 10 Ex. eines Titels DM 22,–.

Seminareinheit 1
Wolfgang Wittwer
Berufliche Bildung im Wandel
Konsequenzen für die betriebliche Ausbildung
120 S. Br. DM 28,–
ISBN 3-407-36008-8

Seminareinheit 2
Wolfgang Wittwer
Die neuen Auszubildenden kommen
Wie der Beginn der Ausbildung sinnvoll bewältigt werden kann
120 S. Br. DM 28,–
ISBN 3-407-36009-6

Seminareinheit 3
Christine Arbogast
Die Auszubildenden beraten
Gesprächsführung mit Jugendlichen
108 S. Br. DM 28,–
ISBN 3-407-36010-X

Seminareinheit 4
Hermann G. Ebner
Berufsfindung und Ausbildung
Ausbilder unterstützen die berufliche Entwicklung
95 S. Br. DM 28,–
ISBN 3-407-36011-8

Seminareinheit 5
Christine Arbogast/
Gerlinde Seidenspinner
Mädchen ausbilden im gewerblich-technischen Bereich
Informationen, Anregungen, Forderungen
120 S. Br. DM 28,–
ISBN 3-407-36012-6

Seminareinheit 6
Rainer Haase
Jugendliche mit Lernschwächen
Wie können Ausbilder im Betrieb Lernhilfen geben?
119 S. Br. DM 28,–
ISBN 3-407-36013-4

Preisänderungen vorbehalten